U0556297

直播带货

张标　穆奕弘　唐顿◎著

中国商业出版社

图书在版编目（CIP）数据

直播带货 / 张标，穆奕弘，唐顿著 . -- 北京：中
国商业出版社，2021.1
　　ISBN 978-7-5208-1494-2

　　Ⅰ . ①直… Ⅱ . ①张… ②穆… ③唐… Ⅲ . ①网络营
销 Ⅳ . ① F713.365.2

中国版本图书馆 CIP 数据核字（2020）第 250222 号

责任编辑：侯　静　杜　辉

中国商业出版社出版发行

010-63180647　　www.c-cbook.com

（100053　北京广安门内报国寺 1 号）

新华书店经销

凯德印刷（天津）有限公司

*

710 毫米×1000 毫米　16 开　13.75 印张　192 千字

2021 年 1 月第 1 版　2021 年 1 月第 1 次印刷

定价：58.00 元

* * * *

（如有印装质量问题可更换）

前 言

随着移动互联网的发展，如今网络直播已成为各个企业竞相争夺的新风口，因为传统电商的式微不得不迫使人们寻求新的商业模式，而直播背后隐藏的巨大商机正在被认可。有高额的利润回报，就有势在必得的进场欲望。于是，企业纷纷开辟了直播带货的新营销渠道，这就直接催生了新一批网络主播。

薇娅和李佳琦等头部主播创造的过亿元销售神话，直接刺激了不少人朝着头部主播的方向努力，我们正在迎来一个全民直播的时代，而5G技术的普及也在推波助澜。然而，面对网络直播带来的丰厚回报，一部分人保持着清醒的认识，而有些人则表现出盲目、迷茫和冲动，他们并不知道如何做好直播带货，如何经营粉丝以及如何维护好和厂家的关系。

任何主播的成功都不是只凭运气，薇娅有着丰富的从商经验，李佳琦有着过硬的专业素质，虽然他们的成功难以复制，但是他们身上具备的某些素质和特征是新人主播必须虚心学习的。找准适合自己的直播方向，选对适合自己的直播平台，打造属于自己的直播内容，这些都是个人直播或者企业直播应该掌握的知识和技能。

在越来越多的平台涉足直播带货以后，曾经的蓝海也正在变成一片汪洋的红海。在秀场直播时代，主播依靠颜值和身材，唱歌跳舞就能获得高额打赏，如今已经越发困难。同时，直播新用户的大量涌入和老用户的日趋成熟，也对直播内容提出了更高的要求。可以说，每一次成功的直播背后，都是主播精心策划和团队通力配合而打造的，从基本的沟通话术到直播间的环境营造，从供应链的配合到平台的推荐宣传，任何一个环节都马虎不得，其中涉及了很多约定俗成的规则。

打造特色直播，凸显差异化的主播人设，这些才是新人主播首先要考虑的问题，只有学会突破陈旧的思维束缚，将内容为王视作直播的根本，才能实现多维度的突破，展示出主播、团队乃至带货产品的优越性，才能把直播间变为"流量池"。

本书从新人主播的视角出发，大到行业格局，小到直播技巧，从每一个细化内容切入，结合丰富的直播案例，手把手地传授和探讨直播的相关知识和经验，无论是对个人还是企业，都具有准确的方向引领作用。当然，再完美的理论也需要实践，主播应该本着边学边播的态度，在实操中摸索，不断矫正自我，才能尽快地走向成熟。

相信在未来几年，直播电商的发展会日臻完善，加之相关科学技术的发展，网络直播将呈现出全新的体验模式，甚至可能引发革命性的消费升级，那么在这场充满机遇又写满挑战的道路上，准备进军的你必须提前布局，全面武装，才能争得一席之地。

目 录

第三章　定位——找准需求，才有未来

第四章　账号——打造自己的专属标签

第五章　内容——用好的创意吸引粉丝

第六章　运营——电商直播的营销技巧

变现——引爆直播带货的转化

第一章

直播——新零售行业的趋势

下一个信息传播的风口

直播带货为什么突然间火了？

有人说是因为"网红效应"，也有人说是消费升级，其实两者说得都没错，不过史准确地讲，是一片新的"流量蓝海"出现了。

回顾我国这几年的零售业发展，已经进入一种对流量追逐的非常态中。过去，传统的营销广告也和流量有关但又不够明确，或者说没有形成清晰的概念，只是简单地认为"哪里人多就在哪里投放广

图 1-1 5G 网络时代

告"，而在移动互联网时代，人是流动的，他们不会聚集在一个现实场景之中，而是会流转到各大平台，通过一些超量级的入口去追踪。

直播带货

正是因为定义了流量，所以资本市场只要发现流量就会选择进入，然后第二梯队、第三梯队也全跟上去，疯狂地瓜分有限的流量额度，导致市场不间断地陷入波动状态中。一些理性的消费者也觉察到市场背后的资本布局和营销策略，开始捂紧了钱包。在这种背景下，直播带货兴起了。它带来的不仅是白花花的银子，还有一股强大的信息流奔涌而出。

为什么直播带货能兴起？直播带货又是怎样实现商品转化的？它是把产品通过镜头展示给用户，然后依靠主播的个人 IP 去带动销量，从营销的角度看，直播提供了比传统电商更丰富的展示商品的形式，转化率也提高不少。

直播电商兴起于淘宝直播，这和它自身的电商基因有关，因为淘宝平台本身就是精准的购买流量，所以转化率要高很多，但是因为缺乏一定的社交属性，所以会限制对外部流量的吸引，那么直播电商的作用就是把平台的"口子"打开得更大一些，进一步提高其开放性。

由于淘宝直播的成功，导致其他电商平台、短视频平台甚至游戏直播平台一涌而入。它们也正是看准了未来前景，所以才不遗余力地追上去，想要抢占直播电商的快车。虽然看起来慢了不止半拍，但是敢于试水的，多多少少都具有一定的流量获取能力，这也是他们在直播电商阵地站住脚的资本。

群雄逐鹿之下，直播的核心价值在哪里呢？它能够为更多的中小型企业甚至个体经营者搭建一条直达消费者的通道，特别是那些卖农产品的、卖海鲜的往往都有可观的收入，这是因为农产品和海鲜在传统电商时代距离消费者比较远，不像日用百货数码电器那样容易了解，也没有什么明星代言、大神拆机之类的营销手段，所以一般人不会习惯线上购买，但是有了直播就让它们更真实可信，消费者的购物冲动就被充分激活了。

2019 年，河南省南阳市镇平县副县长王洪涛亲自带头干起了直播带货，推销当地的各种农产品，在镇平黄桃丰收之际，只用了半小时的直播就快速卖出了近 3000 个订单。不得不说，和农民被动地等待中间商上门赚差价相比，半小时带货 3000 单简直是营销奇迹。

为什么直播会有如此大的魅力呢？以农产品为例，大部分的营销模式都是几行不专业的文案配上更不专业的图片，想要打动消费者很难，而且大多数消费者还看不到实物，但是直播却能让消费者近距离看到农产品，给人真实可信的感觉。而且，主播用真诚的语言介绍产品时，也更容易打动消费者。

当然，农产品的直播带货和"主播"的个人背景有关，如果换成普通的农民恐怕不会有这么好的效果。所以，直播电商的确离不开主播个人的影响力，这也是各大平台或是争抢或是培养主播的重要原因。

农产品畅销于直播带货，其实也从侧面说明消费者对品牌的敏感度正在下降，不管你销售哪里的水果，不管之前有没有吃过，只要品质不错、只要直播间氛围足够浓厚且有感染力就愿意掏钱。同样，主播也未必非得是头部网红，只要有亲和力，和消费者坦诚相待，哪怕是发型被大风吹乱后站在田野树下，大家也觉得足够亲切，并不一定非要有熟悉的明星来刷脸。

敏感度下降意味着大品牌的话语权已不是绝对，那么消费者就可以主动出击，寻找适合自己、能打动自己的产品，客观上缩短了消费链条，所以很多主播已经不通过渠道商联系货源，而是直接找到厂家或者产地，这才有了我们看到的农产品带货热潮。

从这个角度看，直播电商的发展，会减少库存和物流的相关成本，让企业或者个人有着更多的资金和精力提高产品质量，反哺消费者。当然，如果不进行适当管理，也容易出现野蛮成长的可能，那就是绕开渠道商的同时也绕开了质量把控，所以未来的直播带货市场还需要约束和规范。

直播带货抛弃了传统电商的平面营销模式，用介乎于立体和平面之间的呈现形式去推荐产品，这已经是无限接近线下实体店了，这意味着直播电商带来的是工具性的革命。

以上是从商家、市场的角度简单分析，如果我们从中国经济、拉动内需的角度看，直播带货很可能代表着未来的一种主流营销模式。

2020 年 4 月 13 日，《人民日报》携手"淘宝一姐"薇娅举办了一场名为

直播带货

"湖北冲鸭"的公益直播，结果上架的鸭脖和鸭掌瞬间被秒光。此外，"口红一哥"李佳琦也联手央视的朱广权一起加入助力湖北农产品的直播带货中，一时间掀起了"吃货占领湖北"的热潮。

未来，直播很可能会成为企业的营销标配，至于你如何去使用这个新工具，就看你对它的理解和认识是否符合时代的发展了。

网络直播背后折射的经济效应

一个新商业模式的出现，往往连带着新的经济效应的出现。在网店铺天盖地冲击实体店的时代，背后是网络经济效应的产生，其核心就是高速的传播性，能够让消费者足不出户就能购买到心仪的产品，而这种高传播性也缩短了消费链条，让产品的成本降低。

那么，直播带货折射的是何种经济效应呢？我们先来看一下它的发展历史。

2005 年，直播作为一种新的呈现形式走进人们的视野，那时候在公共聊天室里，人们基本上是通过文字和语音进行交流，后来随着移动互联网的发

展，电竞成为不少人的业余爱好，随之应运而生了游戏直播，开始走向了规模化和规范化的道路，这才让直播快速地崛起（见图 1-2）。

2019 年被认为是"直播带货的元年"，在此之前，人们认为

图 1-2　游戏直播

短视频是很好的营销模式，不过现在大家发现，直播的优势更强。比如实时性和便捷性，它不会像短视频那样有一个反馈的时间，和内容的生产者互动性更强，因此我们可以得出一个结论：直播带货对应的是"懒人经济"。

什么是"懒人经济"？其实就是社会的进步让一切都变得更简单和方便，创造了适合懒人生存的土壤，而随着这个群体的不断扩大，针对懒人的商业模式也会应运而生。作为商家来说，他们也逐步瞄准了懒人群体，想尽办法从他们身上获取变现的可能。

不愿意自己做饭怎么办？点外卖，直接送到家门口，打开包装就能吃。这样的人可不在少数，所以直接催生了外卖送餐业的繁荣，甚至让方便面的销量出现了下滑。

不愿意出去买东西怎么办？现在出现了跑腿的业务，不仅是美食给你送到家，超市的东西也可以给你送到家，甚至你想在某个地点接头给别人点东西，还有代办业务，等于给你制造了无数个"影分身"。只要你愿意付钱，你就可以继续保持在懒的状态中（见图 1-3）。

图 1-3　新兴跑腿业务

直播带货

　　除此之外，我们身边还有很多为懒人经济诞生的产品：全自动洗碗机、扫地机器人甚至炒菜机等。在现代社会，"懒"已经不再是一个贬义词，成为一种时尚概念，大家可以面不改色地说自己是"懒癌晚期"。就像喜剧作家范托尼说的那样，越是发达的大都市，懒人的境界也越高，他们会以智慧和发达的资讯寻求事半功倍的捷径。

　　回头再看看直播的兴起，不也是一种懒人的经济效应吗？

　　为什么游戏直播会兴起呢？因为玩家想要通过观看别人的实操视频来获取如何通关、如何打败对手的办法，所以才能一播百应，让目标群体老老实实地坐在屏幕前观摩学习。可是我们也知道，从游戏诞生那一天起就有各种图文攻略，热门的游戏更是如此，可大家还是愿意看直播，为什么？懒。

　　用这个视角去分析直播带货，相信你也发现症结所在了，直播带货让懒人们消费更加方便。

1. 平台的便利性

　　敢于尝试直播带货的，都是有一定流量的平台，他们或者是电商，或者是以短视频起家，再或者拥有庞大的游戏玩家社群，所以懒人根本不用去找什么入口，随便点开一个常用的 App，都可能在里面找到直播。这就好比住进了市中心的黄金地段，任一方向都有各种超市、商场和连锁店，不用耗费精力就可找到商家。

2. 选购的便利性

　　传统电商时代，随便去淘宝上的一家店铺选购产品，你都会发现大量的图文介绍。几百字的都是少的，动辄成千上万字的说明增加了认知成本。如果你没有耐心就很难阅读完整，可不看又不行，一旦出现交易纠纷是你没有看清介绍，这让很多懒人非常头疼。现在有了直播就不一样了，你只要打开电脑或者手机，随便找个舒服的地方躺下来，主播就会给你介绍产品，就是闭着眼睛也不影响理解。

3.下单的便利性

过去在网店或者电商平台下单，总要先去一些购物论坛或者社群里了解清楚，比如买手机之前去贴吧和知乎看看大家怎么评论，买化妆品之前去微信群或者 QQ 群聊聊大家的反馈意见，所以这种多点拼接的选购流程就很麻烦，从 A 点跑到 B 点最后在 C 点支付下单，但是直播带货就不同了，全程都在一个平台上，近乎于一站式的操作，即使需要外链下单步骤也非常简单，动动手指头就能一口气操作完毕，完全符合懒人们的需求，真可谓"货"从天降。

说完了懒人经济效应，我们再来看一种经济效应——口红效应。

口红效应指的是在经济不太景气的情况下，导致口红热卖的现象，也被称为"低价产品偏爱趋势"，最早是在美国被发现的。经济学家们发现，只要经济状况不好，口红的销量反而直线上升。为什么呢？因为在美国，人们觉得口红是一种相对廉价的奢侈品，即便大家兜里都没有钱了，可是人们的消费欲望并没有降低，于是就会购买廉价的奢侈品求得一种心理安慰。

"口红效应"和直播有什么关系？上一节我们说到农产品是直播带货的"宠儿"，这其实也是"口红效应"的延续，就是相对低廉的价格满足了消费者的购买欲望。虽然农产品不能算作奢侈品，但是果品生鲜这些东西毕竟和粮食不同，不算是人们生活的必需资料。而且，从头部主播的带货细节上就能发现产品必须便宜的规律。

比如薇娅带的货，大部分都在 19 元到 99 元之间，少部分有几百元的，更贵的就比较罕见了。而且每一件产品都有较高的折扣，否则消费者就不愿意在直播的时候购买了。同样，李佳琦卖的平价口红也不在少数（单价低于

100元），即便是几百元的，和真正的奢侈品相比也足够廉价，真正切合了"口红效应"。

一线大品牌极少有通过直播带货去提高销量的，因为大品牌普遍价格不菲，也就是李佳琦卖过的雅诗兰黛眼霜算是特例，但它也是以牺牲价格、打着"全网最低"的旗号带动的销量。

2020年开始的新冠肺炎疫情，改变了全球的经济走势，其在经济消费领域的负面影响或许在一两年以内都会存在。从直播带货的角度看，人们想要满足消费欲望却又囊中羞涩，会促使大家偶尔花一些小钱在非生活必需的产品上面，而这正是直播经济继续发展的潜在动力。当然，这种"口红效应"和"懒人经济"效应相比，算是一个屈居次要位置的心理现象，不占据主导地位，可如果我们合理地利用它，就能找到更有营销价值的切入点。

总之，直播的兴起不是资本带的节奏，也不是某个主播的个人效应，它是时代和市场发展到一定阶段的产物，即便不能顺势而为，也不应妄加否定。

极美播系：催生新网红的又一个摇篮

有一个事实我们得承认，互联网给了更多人创业的机会，也给了更多商品变身为爆款的机会。因为，互联网模式最突出的一个特征就是以人为本，而传统营销看重的是卖货，并不懂得经营流量的重要性。自然，以人为本的思路就会把注意力聚焦在具体的人身上，更准确地说，是聚焦在有魅力的灵魂上。

其实从互联网普及的那一刻起，网络上就不缺少所谓的网红博主，只是在不同的阶段有不同的叫法，像早期的痞子蔡、安妮宝贝这些都是符合当下标准的网红，也有一些靠博人眼球出位的网红，比如芙蓉姐姐、凤姐等。

有意思的是，"博主"这个词也在不断进化，从早期的博客时代进入中期的微博时代再到现在的短视频时代，称谓从"博主"变为"主播"，但是内容和形式也变了，从文字图片变成视频，从平面升级为立体，这似乎从另一个角度证明：越真实地呈现在粉丝面前就越有人气，粉丝渴望看到的不是像木子美那样自曝隐私的大胆文字，而是活生生的、有血有肉的人。

显然，直播网红最符合这一特征。

在淘宝直播创造了新商业模式之后，平台搭建好了，组织架构好了，剩下的核心目标就是培养具有带货能力的主播了。事实上，最早的带货主播基本上来自淘宝内部，比如淘女郎。2016年3月，淘宝直播上线后，进行内测的时候，官方主动邀请了一批形象气质好、粉丝数量多的"淘女郎"，她们在淘宝总部进行直播培训，其中就有今天知名度颇高的薇娅、小侨、烈儿宝贝等（见图1–4）。

时势造英雄，英雄也能改变时势。以今天的视角看，最早争当带货主播的都是幸运儿，但是回到当时的环境下，迈出这一步还是需要勇气的，因为很多人不敢去当行业先驱，毕竟探路者需要承担相应的风险。比如薇娅，当时她并不是非常乐意进入直播行业，她以前在娱乐圈，做过平台模特儿，后来自己开过实体店，直到2011

图1–4 淘女郎

直播带货

年转战淘宝之后又开了网店。

2015年对薇娅来说是一个转折点，这一年她的网店已经经营了近5年，当年的"双十一"让她的店铺销量突破了1000万，可是到年底算总账的时候，薇娅发现看似红红火火的网店其实亏损了600多万。薇娅表示，她的产品质量都不错，性价比也高，可是大众消费者在网购时还是对价格十分敏感。商家眼里的性价比高对买家并不存在真正的诱惑力，而为了保持客流只能不断地打折、做各种优惠活动，结局就是接连的亏损。

因为网店带来的重创，薇娅不得不把自己在广州的一套120多平方米的商品房出售，用来维持网店的运营，总算让店铺的状况出现了好转，但仍然没有达到她的预期。

2016年，薇娅和女儿在惠州度假期间，淘宝直播小二给她打来了电话，动员她加入淘宝直播。当时，薇娅已经是小有名气的"淘女郎"，但是对直播还是比较陌生的，思前想后，薇娅决定尝试一下新的商业模式，因为她隐隐地预感到直播将是未来发展的趋势。接下来的故事，想必大家都很清楚了，薇娅成了淘宝的"带货女王"（见图1-5）。

图1-5 淘宝"带货女王"

　　风险和机遇都是并存的，在那个大多数人并不看好直播的时代，入驻有风险，但也有红利。2016年，网络上的带货直播很少，所以均摊下来每个人都能吸收不小的流量，这就为他们日后升级为头部主播奠定了基础。从这个角度看，机会不仅是留给有准备的人，也是留给有勇气的人。

　　主播的红利期已经成为过去，但这也不代表现在进入的人就没有机会。虽然天时地利人和都不占什么优势，可是只要找对了方法，仍然有成为头部主播的可能。

1. 做粉丝的知心人

　　不懂用户的主播不是好销售。对比一下人气高的秀场主播，他们最擅长的只是唱歌跳舞吗？不，他们知道用户心里想什么，知道如何取悦大众同时还能控场。所以主播在面对粉丝的时候，不要先急着带货，而是先做粉丝的知心人，塑造自己对粉丝的情绪价值，让粉丝离不开你，这样即便内容偶尔无聊的时候，大家也不会抛弃你，因为单纯依靠吸引力把粉丝按在直播间一两个小时是不现实的。只要你和粉丝的关系够铁，接下来的带货就没有那么难了。

　　有一个叫大璇的主播，每天她的直播间都挤满了人，虽然她有很高的颜值，但是真正吸引粉丝的却是她的亲和力，她总是能用爽朗的笑声给大家送去欢乐，以至于粉丝把她的直播间当成了解忧杂货铺。在大璇看来，自己根本不是什么网红，没有偶像包袱，所以经常自黑，给大家讲发生在自己身上的糗事，说着说着大家都哈哈大笑，都觉得在这里放下了生活的压力，有谁还舍得离开呢？

2. 转化自然

　　和卖场的导购、销售相比，主播的一个先天优势是没有太大的业绩压力，直播间对用户来说就是天桥的说书现场，高兴了就买件商品，不高兴了就直接离开，决定权不在主播手里，所以主播要做自然的转化，而不能强拉硬拽，这就需要主播把产品和自我融入到一起，向粉丝展示你和产品的关系，用实际体验刻画产品的独特性，而这个刻画过程也要有个人特色，要么激情澎湃，要么文艺清新，要么真实自然，总之不要流露出"你到底买不买"的味道。

李佳琦在介绍口红的时候，既有情绪亢奋的一面，也有文艺清新的一面，他能用"哦买嘎""买它"来调动受众的购买欲，也能用"涂上它有种银河在自己嘴上的感觉"来激发用户的想象力，带货文案诱惑力惊人且美感十足，让你觉得这产品不拥有就对不起自己，这就是自然的转化。

3. 内容至上

和短视频相比，直播确实不太容易产出内容，毕竟是实时进行的，不可控因素很多，但是就短视频和直播相比，差距还是很大的，最核心的就是要提高用户的停留时间，未必真要有硬核的东西抓住对方，起码要让用户觉得不无聊，因为很多直播动辄一两个小时甚至三四个小时，而人的注意力通常只有十几分钟，所以不让用户产生疲惫感就非常重要。

2020 年 2 月，以旅游直播为核心业务的飞猪直播，动员分布于世界各地的旅游达人，让宅在家中的旅游爱好者们享受着亲临现场的环游世界。仅在一个多月的时间里，飞猪直播总计推出 7500 场直播，在线围观人数达到了 3000 多万，"云旅游"的范围覆盖到世界 30 多个国家和地区，粉丝们可以跟着主播欣赏美丽的樱花、热闹的展会、可爱的动物和巍峨的青山，体验感超强，内容优质，有不少主播达人借此冲进了淘宝元气主播榜 TOP10。

4. 寻找强力的合作平台

现在已经不是单打独斗的时代，一个新人主播想要成为头部，依靠自身的资源总归实力有限，更不要说直接对抗拥有团队的成熟主播了，所以寻找能帮助自己的平台非常重要。

极美播系就是适合新人主播或者中小企业的综合直播服务机构，既能提供平台保障，又能对接供应链资源。通过技术功能和倒贴以及超级拼团等方式，从红包引流到短视频引流再到活动倒贴引流，手段层出不穷，能够帮助新人快速增加粉丝，告别单人作战模式，提供强有力的护航系统。

综观如今的各大直播平台，流量已经被少数的头部主播吸走了，新人出头很难，而极美播系能够打破层级壁垒，让第一批进驻的主播们快速变现，当然机会稍纵即逝，只有那些眼光长远、头脑清醒并敢于付诸行动的人才有机会，毕竟这个时代属于有智慧的创业者。

如果是个人主播，极美播系能够提供给你创业的机会，哪怕你颜值普通、声音普通，只要你配合工作，努力吸粉，迟早都会拥有属于自己的流量；如果是个体老板或者中小微型企业，极美播系也能广泛赋能给每个细分领域，提供操作简单的系统方案，帮助你快速开发新资源。总之，选对一个强大的支撑系统，就有了进军直播界的底气和靠山（见图1-6）。

直播的兴起，给了不少人挑战自我的机会，也让很多人犹豫着是否要进入，因为成为主播往往意味着要放弃现有的工作，甚至要牺牲一部分个人生活，所以主播这个行业并不轻松，我们看到的不过是从业者风光的一面，背后付出多少只有他们自己知道。虽然付出和回报未必成正比，但是在时代大潮的推动下，愿意尝试才有无限可能。

图1-6　极美播系

电商率先通过直播卖货

以直播带货为代表的商业模式，已经颠

直播带货

覆了大众对新消费方式的认知。起到这个带头作用的就是各大电商平台，而淘宝则是领跑者。

如今，淘宝、京东及拼多多逐渐形成电商的三足鼎立之势，虽然拼多多的情况比较特殊，它依赖微信这个重量级入口，从流量上并不逊色于前两者。当然，从吞吐总量上看，淘宝是当之无愧的顶流平台。但是随着人口红利的流失、获客成本的增加以及存量市场的枯竭，淘宝想要进一步扩大市场是非常困难的，这不仅仅是因为流量被稀释了，也和消费者的注意力分散有关。

在传统电商时代，消费者购物只有几个平台可供选择，后来短视频的兴起，让越来越多的人被吸引过去，而一些自身拥有网店的短视频主播，会通过短视频带货。虽然大部分购买链接还是导向了淘宝店铺，但是流量的入口却不在这里，一些潜在用户仍然有可能流失到其他平台，非常不利于聚集用户的注意力，也不利于培养属于淘宝自己的头部主播。因此，为了争夺流量，电商平台必须拥有自己的直播生态。

2009 年诞生了"双十一"这个特殊的节日之后，它的影响范围不再局限于淘宝天猫，而是扩散到了全网，成为电商们的"狂欢节"和网友们的"剁手节"。2013 年的时候，因为 PC 端占据主流，所以移动端的交易额很小。然而到了 2014 年，移动端的交易额就飙升到 243.3 亿元。到了 2015 年的"双十一"，阿里集团的总交易额为 912 亿元，其中 68.67% 来自移动端，而京东的移动端下单量也达到了 74%。从这一刻开始，移动支付已经成为网购的主要支付形式。

如果把 2015 年看成移动支付的爆发点，那么这一年对直播界来说也是快速发展的时期。当年的熊猫、映客、花椒以及小咖秀等秀场类直播野蛮发展，遍地都是主播，人人都有直播间。不过，这种繁荣的背后却对电商并不友好，没有真正属于电商的直播平台，但是整个直播市场的热度却是持续增长的，唯一和现在的电商直播有点联系的，就是当初的"淘女郎"这种红人经济。可是，它依然不能有效地收拢流量，成为全新的商业模式。

2016 年 3 月，淘宝直播正式上线。

现在我们很难得知阿里集团内部是如何策划这一切的，但是从上线时间可以推断，2015 年起就一定有了关于淘宝直播的项目，阿里集团看到了"移动支付 + 直播"的兴起，直播带货——付款更方便，成交更容易。

图 1-7　淘宝直播盛典

因为 3 月在 618 电商节之前，远离"双十一"，让 3 月上线的淘宝直播十足吸引了关注度。2016 年 3 月 30 日，淘宝举办了"330 闪闪靓"淘宝直播盛典，先发一波引起人们的关注，开始了直播电商的战略布局。2016 年 4 月 21 日，淘宝直播又搞了一个大动作：邀请超级网红 papi 酱参加一次拍卖，结果吸引了 50 万人次围观。接着，从 2017 年开始，淘宝直播盛典成为常态节目，由于邀请的都是和主播机构有关的专业人士、专栏作者、主播达人等，全面地向外界展示出淘宝直播的生态活力和带货力度。

2017 年，淘宝的直播战略朝着五个方向升级：内容、流量、人群、玩法以及商业化，从侧面说明淘宝已经从战略布局细化到战术分类上面。从内容上，做的是更符合当下年轻人喜闻乐见的东西；从流量上，专注把潜在用户从其他平台上导流过来变成忠实的粉丝；从人群上，重新刻画关注直播的人

直播带货

格类型；从玩法上，拓展单一主播喋喋不休的表现形式；从商业化上，做好无缝式直播，让消费者从被种草到购买收货无损对接。

总的来说，淘宝直播更像是知识型营销，主播不是扯着嗓门吆喝，而是相当于一位专职卖家告诉消费者怎么选择适合自己的产品，此外，再加上一些营销层面的话术技巧和心理学知识。当直播有了知识作为内容补充时，直播电商才有更大的发展空间，如果只是因为大家好奇才带动了销量，那么未来的发展很可能会走入下行。从这一点上看，淘宝直播的起步还是比较理性和健康的。

如果说 2017 年研究的是战术，那么在 2018 年淘宝专注的就是人力资源管理了。当年淘宝推出了著名的"双百战略"——培养 100 名月入百万元的主播。从现在的情况来看，这个战略具有现实性和可操作性。

图 1-8　内容营销

虽然淘宝直播一骑当先，但是内部人士认为还没有达到真正的成熟，所以淘宝直播依然在发力。2020 年，淘宝直播将会借助阿里经济体的每一个部分，在全领域内展开合作，而且把重点放在了资金、技术和流量三个方面，为的是进一步把盘子做大，让更多的新人主播成为头部主播。为此，淘宝直播会在新生态、新商业以及新动能三个方面做好战略布局。

在主播孵化方面，淘宝直播现在有一个不成文的规矩，就是主播最长 30 秒入驻，然后能够快速地完成管理和上货，如果是新人，缺乏相关的经验和知识，也可以一边播一边学，让每个人都有成长和出头的机会。从这一点看，淘宝直播虽然大神云聚，但是对新人而言也并非没有立足之地。

大数据时代，信息分析十分重要，为了了解每一个主播的优缺点和特点，淘宝直播还设立了"智能主播数据分析师"，作用就是对主播产出的内容和销售的产品进行分析，同时也会对粉丝进行精确的画像，目的是找出不足之处，让产品和粉丝实现精准对接，避免素人主播在错误的道路上越走越远。

各种数据表明，淘宝直播从开始的摸索阶段到今天趋近产业化，虽然未能真正成型，但是也矫正了方向，为电商界开了一个好头。我们可以通过淘宝直播的兴起和发展去揣测未来直播电商的前景。

淘宝直播发展到今天不过三四年的光景，目前保持着良好的发展势头，在它的带动下，其他直播平台也呈现出繁荣态势：优秀的主播诞生了一批又一批，获利的商家诞生了一波又一波，而更多的是被吸引过来的消费者们，这一切都让直播电商行业愈加繁荣。

很多身怀抱负的人，都希望在直播电商这片新天地中有所作为，他们渴望以此改变人生，和直播电商一起创造奇迹。对此，你是否也心动了呢？

传统企业如何做直播带货

对传统企业来说，互联网似乎颠覆了传统企业的商业模式，它的诞生为品牌推广、售后服务提供了更多的渠道，也催生出强有力的竞争对手。特别是在流量为王的时代，原本就脱胎于网络的电商有着更敏锐的嗅觉，而传统企业在流量捕获方面能力被甩出很远。

互联网思维，
你真的懂吗？

图1-9 传统企业的转型

随着直播电商的兴起，电商内部又分化出传统电商和新兴电商，而直播电商无疑属于后者，这样的细分让传统企业的商业模式变得更"靠边站"了，产品卖不出去，获客成本增加，再或者花了很多推广费却收效甚微。更要命的是，直播带货让更多消费者只认主播或者平台，不再以品牌和商家为关注点，又让传统企业多了几分尴尬。

尽管现实是残酷的，传统企业也可以借助直播带货分享一波红利。不过，这里要注意六个问题，它们也是破局的关键。

1. 受众人群

前面我们分析过，直播带货大部分都是低价商品，因为重视质量而轻价格的人，通常时间比较宝贵，不会拿出半小时或者更多的时间去看直播，也不是短视频带货模式的铁杆用户。所以，传统企业要做直播带货，就要分析直播的人群和自己原有的客户人群是否重合，重合度越高，转型的可能性越大。如果重合度很低，可以考虑先推出价格相对低廉的衍生产品。总之，不把用户画像描摹清晰，是不能贸然进入直播领域的。

如果传统企业只是为了单纯追求流量而盲目降价，那么销量可能会在短时间内增长，但这种拉动有可能破坏原有的供应、销售和售后链条，甚至影响到之前积累的口碑和信誉，利润并没有实质性的增长，所以一定要三思而行。

三只松鼠是诞生于互联网的品牌，它锁定的受众人群是年轻时尚的女性消费者，她们喜欢网购，喜欢追剧的时候吃零食，讲究品质，就从印象上赢得了体验式营销的高分，比如漫画形象设计、纸袋包装等，这不用你免费试吃松子开心果，一眼看过去就被商家的营销所俘获。而且，这部分消费群体对网络很敏感，就便于通过电商平台营销（见图1-10）。

图1-10 三只松鼠

2. 品牌定位

直播电商卖的货通常不依赖品牌知名度，也就是大品牌和高端产品很难通过直播来提高附加价值。相对而言，传统的中小型企业如果不刻意追求品牌形象的塑造，那么尝试一下直播带货也未尝不可。如果你把企业品牌定位为高大上，那么直播带货有可能会让你失望。直白地说，直播带货有点像实体经济时代的商场大促销，只是销售员变成了主播，线下变成了线上，购物的时间和空间被压缩和简化了，所以消费者才会对品牌不敏感，这意味着你

直播带货

想通过直播去塑造品牌几乎没有好办法，因此是否进场，取决于你对品牌的定位，只有当你真正和用户打成一片的时候，才更容易被市场接受。

被称为"行业搅局者"的小米，正是以明确的互联网思维定义了它的品牌：面向习惯于网购的中青年龄用户，以开放性和参与感孵化和黏着粉丝，让小米在线下布局能力较弱的情况下异军突起，成为发展极快的互联网公司（见图1-11）。

图1-11　为发烧而生的小米

3. 市场容量

直播电商作为一种渠道，能够增加某一类产品的曝光度，然而它无法扩大存量市场，只是把流量聚焦在几个点上，那么对传统企业来说，要看你所在的行业是否已经饱和。如果饱和了，那么做直播电商未必能增加多少客户，反而会被强大的直播平台压迫，得不偿失。如果没有饱和，那么快速进入之后，还有希望收获一拨新客户。

4.企业类型

直播电商时代，什么类型的企业最有前途呢？做垂直的企业，因为现在一些企业的发展得益于信息不对称。广告成本高，客户直达效果差，有的商品可能花费了天价推广费却很难提升知名度，那么直播电商能帮你解决这个问题，但前提是你要有特定的受众目标，这样直播平台才便于分类。打个比方，淘宝直播的用户多数是女性，美妆、服饰都是针对女性用户的，而像虎牙、斗鱼这些游戏直播平台，卖的多是篮球鞋、运动服等男性运动产品，所以你的产品越是垂直就越知道该投向哪里，且会通过一些营销手段把这个点做大做亮，否则就很容易"泯然于众人"。

5.地域特征

从数据来看，我国二、三线城市，直播带货的效果更好，增速也更突出，一是因为消费能力，二是因为原本就缺乏完备的购物环境，所以直播电商的优势更明显。那么，传统企业就要根据所辐射的地域来考量：如果一直聚焦在一线城市，那是否可以考虑下沉市场？如果原本就瞄准了二、三线城市，那就可以放心大胆地将线下用户和直播受众重合，在线下宣传时结合线上直播，给受众一个过渡的时间，这样在直播带货时会减少一些阻力。

6.产品特性

有一个细节问题不容忽视，那就是直播电商的成交环节大多数是在手机上完成的，而很多主播因为经常熬夜的缘故，真实形象并不理想。他们为了保持正面的形象给粉丝，所以会在直播的时候开滤镜美颜的功能，但是这样一来，产品的真实形象也会被影响到，容易出现"买家秀"和"卖家秀"前后矛盾的情况。所以重外观的产品和体积较小的产品，直播时容易发生信息不对称的情况，引发退换货和纠纷。如果企业的产品接近这种特性就要慎重考虑，当然也有解决办法，那就是在直播中插入还原度较高的照片，让主播单独播放并临时关闭滤镜，这样就能减少纠纷。

从长远来看，随着移动互联网的发展和 5G 技术的应用，未来几年直播电商必然会高速发展。传统电商要跟进，那么传统企业也会逐步入场，因为日后的市场格局不会单纯局限于线上和线下，而是双线并行，只做线上会缺失体验感和接触感，只做线下又远离流量，所以思路放开一些对自己有好处。

转型是痛苦的，但不转型面对的是未知的恐惧。传统企业一旦进场直播带货，最重要的一步就是要升级到跨境电商平台，也就是多建立网上购物的渠道。它们的作用相当于桥头堡，能够给网络用户一个初步的印象，哪怕跨界之后的经济效益不理想，也必须保住这块阵地，当然这不局限于电商平台，像短视频平台也可以开通相关的企业账号，前期造势，慢慢孵化目标用户。在完成这个系列的操作之后，再上手直播就会增加变现的概率。

直播带货确实是一个新的风口，但并不意味着对所有人都适合，作为传统企业还是先从自身的实际情况出发，切忌盲目跟风。在自媒体刚兴起的时候，业界打出的旗帜是"人人都是自媒体"，结果如何呢？真正能做大做强还是极少数，多数人成了"前浪"。同样，在短视频大行其道的这几年，能够找到变现方法的人也不多。所以，面对时代催生的一波又一波浪潮，疯狂地进场并不是明智选择，还是先稳下来，多思考，避免犯错。

新零售催生垂直内容需求

虽然直播电商发展不过两三年，但是因为资本市场盯上了这块蛋糕，加之流量增长的红利出现了减退，所以想要通过"一网打尽"的方式获取用户越来越难，因为用户越来越清楚自己想要什么，他们的需求越来越清晰，那内容垂直化就成为直播电商的未来趋势。

电商平台、游戏直播平台、短视频平台……每个平台都有不同的用户特征。而为了给直播赋能，做大卖点，未来直播电商会聚集在具体的用户身上，直播市场也会在经历野蛮生长后出现细分领域，那么谁的用户画像越精确，谁就能获得越多的机会。

或许有人并不知道，直播曾经在2016年的时候被"唱衰"过，虽然当时的用户已经从2015年的5271万增加到了2016年的8585万，但是直播的月度活跃用户的环比增长却一路下滑。伴随着用户的流失，中小型的直播平台也遭到了灭顶之灾，特别是泛娱乐和秀场直播伤亡惨重。这个现象一直持续到2017年，当时排名前五的娱乐直播中，除了花椒、YY、映客等当时的头部平台之外，活跃用户都有下降趋势。所以，有人认为网络直播已经被戳破了天花板。

的确，那段时间直播市场进入了一小波寒潮，但这并不代表衰退，而是洗牌，而中小型直播平台的生死并不能决定直播市场的前途，头部平台的自我调整才预示着未来的大方向。就在2017年，各种"造星"活动兴起，那些之前认为直播没什么意思的用户又被重新吸引了注意力。

主播的偶像化是内容垂直化的信号，因为从这一刻开始，用户渐渐发现直播内容正在合乎他们的胃口甚至有迎合讨好的意思，所以人们又对直播产生了强烈的期待。不过，针对直播的垂直化也产生了分歧，有人觉得这不是直播的机会，而是垂直电商的机会，也有人看法完全相反。从现在的情况来看，双方本就不是你死我活的关系，只要利益分配合理就是双赢，但总的来说，直播的垂直化对内容的依赖性更强，也就是说，直播平台的策划能力非常重要。除此之外，还有一个重要的推动力，那就是新零售。

2016年10月的一天，雷军在一个会上提到了一个新词汇——新零售。当天下午，马云在杭州的云栖大会上也说了类似的话："未来的十年、二十年，没有电子商务这一说，只有新零售。"随后不久，刘强东也提出了自己对"新零售"的定义。也许是机缘巧合，也许是时代使然，"新零售"获得了这些互联网领军人物的一致认同。

图 1-12 新零售

新零售，从定义上讲，是企业以互联网为依托，依靠大数据和人工智能等先进技术手段，对商品的生产、流通与销售过程进行升级改造，重新整合业态结构和生态圈，并对线上服务、线下体验以及现代物流进行深度融合的零售新模式。具体地说，新零售就是用互联网思维做零售，用互联网技术手段、方法论和人才来改善传统零售业，能帮助传统零售业提高效益、改善用户体验。

那么，新零售和垂直内容有什么关系呢？会和直播带货发生化学反应吗？

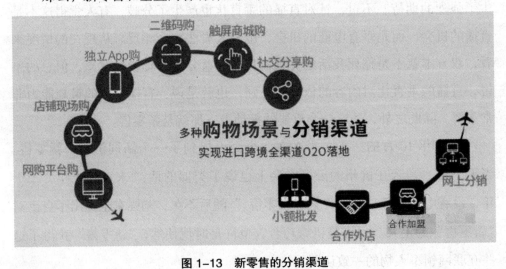

图 1-13 新零售的分销渠道

直播电商虽然和传统电商有很大区别，然而它们都不是市场进化的最高形态，从本质上还是电商思维。新零售则不同，它是真正把线上和线下相结合的破局关键，它既拥有互联网的快捷和高效，也有线下实体的体验和沉淀，所以新零售更具有发展前途。但是，这并不意味着新零售和直播电商是矛盾的，恰恰相反，它需要借助直播作为一种补充手段，去唤醒人们对新零售的接纳程度，而内容垂直就是关键。

新零售会给消费者什么样的购物体验呢？假如某天晚上，你想买一件衣服，在网上挑选了合适的款型，下单之后，按照最快的电商配送速度也要明天，然而半小时过后，一个快递小哥就出现在你的楼下，你疑惑地跑出去，发现送来的就是你刚刚网购的衣服。

为什么会有这样不可思议的配送速度？因为那家"网店"不是传统意义上的网店，也不是实体店，而是新零售店，它们就在你家附近，所以配送速度快。但是更大的疑问又来了：这家店到底有多大呢？难道什么货物都备全了？这恐怕是把淘宝上所有的店铺都搬到线下了？实在匪夷所思！

把所有的店铺搬到你家附近不仅不可能，还违反了基本的商业逻辑，因为很多店铺你根本不会去光顾，你附近的新零售店，早就通过大数据把网格区域内的用户做了"画像"：80%是年轻用户，60%是女性用户，50%喜欢网购，40%的消费重点在服饰上，根据这个画像才提前备好的货。

有人管这个叫先见之明，其实本质上就是内容垂直。

有人把新零售称为"购物的乌托邦"，从某种意义上讲是有这种特色，因为它看起来未卜先知，其实早就弄清了用户的需求，所以不用浪费库存囤积附近没人买的商品，而是会针对每个用户的实际需求和潜在需求蓄势待发，锁定的都是清晰的受众群体。

那么，直播对消费者意味着什么呢？同样是内容垂直。从主播开始，主

直播带货

播的个人风格和内容输出，都在逐步地培养一批有共性的粉丝，或者钟情于美妆服饰，或者沉迷于电玩经济，或者是"猫奴狗奴"……总之他们身上可以提炼出清晰的消费标签，那么主播也好，直播平台也好，就可以把这一系列特征做成大数据，然后有针对性地按照地域分布和新零售店取得联系，实现供应链的校正。

为什么要提到供应链？这其实是直播电商在未来会面临的问题之一，看看那些几分钟带货成千上万的主播，如果没有强大的供应链做支撑，半个月才发货，那么下一次带货还有人买账吗？就算控制在七天之内，这样影响直播的持续性，因为你没办法在下一次直播时和消费者讨论产品使用心得，缺失了一个重要的互动话题，某种程度上延长了直播节目的间隔，这就很难让消费者持续地处于非理性的消费状态，在等待收货的漫长时间里开始关注自己的账户余额。

图 1-14　淘宝直播的供应链基地

但是，有了新零售在线下做支撑，供应链的问题就能被化解，这也是对直播电商的反哺。所以，我们可以这样认为：新零售作为一种梦幻的购物形式，它需要依靠一个强有力的落地手段实现，而直播就是最佳选项，二者都发力于垂直内容上，刻画出了垂直用户，互相补充，进一步缩短消费链条，让直播电商一波接着一波地收割用户。同时，用户也在不断地签收快递，加深了对新零售的认识和好感，增强了购物体验感，这些都是传统电商无法实现的优势。

新零售的诞生，最根本的原因是线上的红利消失殆尽，而直播电商的兴起，也是把零散的用户聚集在一起，把微乎其微的红利汇聚成"流量池"，产生高爆发的红利。从商业逻辑和战略目标看，新零售和直播电商是一致的，它们以垂直内容为撬动市场的杠杆支点，以改造商业模式为演变过程，打通了线上和线下的隔阂，让喜欢网购和喜欢实体店购物的用户都被吸引过来，既能享受线上购物的快捷又能在身边触摸到货真价实的产品，让整个商业形态和谐共生。

· 第二章 ·

分类——垂直领域的直播优势

教育直播：知识变现就这么简单

　　互联网的出现，改变了人们的生活方式，而移动互联网的普及，就把这种作用力度进一步加深了，它让在线支付成为一种消费习惯，让时间的碎片可以随时随地被填补。因此，移动直播变得更有生命力，它给了主播直播的无限可能，也给了受众接收信息的便捷性。

　　直播改变的不仅是传统的商业模式，连知识摄取也随之发生了变化。

　　在互联网出现之前，获取知识只能通过线下，纯粹依靠书本的自学是非常困难的。在互联网诞生后，获取知识虽然可以拓展到线上，但还是离不开固定的 PC 端，也离不开稳定的网络环境，所以获取知识的场景并没有发生根本的变化。但是移动互联网时代就不同了，知识获取可以随时随地，这就直接催生了另一种新的直播类型——教育直播（见图 2-1）。

图 2-1　教育直播

2020 年的新冠肺炎疫情，冲击最严重的就包括线下教育。学校停课，各类教育和培训机构受到巨大的冲击，整个行业面临的是断崖式的收入下降，前途一片迷茫，无论是中小学还是职校高校，都被迫推广了网络教学，虽然经历了一个艰难的适应过程，不过也让教育直播的发展前景更加明朗了，不少人隐隐发觉，教育直播其实有着线下教学不可比拟的优势。

1. 规模做得更大

线下课堂，受制于物理空间的限制，想要大量招生是很困难的，但是教育直播就不同了，它只占用线上的虚拟空间，最多配备高传输率的宽带而已，这在 5G 时代来说易如反掌。所以，网络课堂在理论上能够无限招生，把规模做得更大，达到"有网络就有学生"的理想效果。

2. 成本投入更低

受制于线下的现实环境，教培机构想要多增加一个学生，就会多负担一分成本，这对于资金少、刚起步的教培机构来说是难以解决的问题。但是教育直播就能节省这些开支，此外还能用电子教材的方式给学生省钱，学费降下来，招收的学员数量也会更多，在客观上降低了教培机构的总成本。

3. 影响力更易提升

线下教育是受到地域限制的，除非形成品牌化，否则很难实现跨境，这就造成了影响力被空间束缚，但是教育直播能轻易化解这个问题，通过移动互联网展开各种营销手段，直达目标群体并扩大品牌知名度，形成良性循环。

4. 辅助手段更丰富

教培不单单是传授给学生知识，还涉及一系列的辅助性工作，比如收集学员信息，发布调查问卷、各种课堂作业和测试等，此外还涉及邀请名师特约授课等，如果都是通过线下开展，必然要解决诸多实际困难，但是迁移到线上以后，就能提供更丰富的解决方案，让教育直播的变现渠道更通畅。

虽然教育直播在招生单价上低于线下教育，但是因为总量的保有仍然利润可观，而且经过疫情期间网络课堂的适应和探索，自身也会不断完善，剔除短板，而这一切都在预示着知识变现的时代已经来临。

2020 年，花椒直播大力推广教育直播，上线十几天，和教育相关的直播观看用户数就高达几百万人次，平均每场教育直播的观看人数和直播间平均互动次数都达到了几千次，不少主播都获得了相当可观的打赏收入。

直播间里，一位英语教师在直播时特写了自己的教案本，然后用卡片制作了微型黑板，上面都是常用的英语句型，给学员们呈现了更多的信息量。在成人在线教育课堂里，气氛更加活跃，比如小语种、室内健身、传统书画、职场教育等，主播和观众频繁互动，其中有一位教授书画的培训讲师，一边书写毛笔字一边和观众讲解传统文化，把知识分享变成了趣味浓厚的在线聊天。还有一位日语教师，教授日语课程之后又唱起了日语动漫歌，点燃了观众的情绪，直播间里一片沸腾（见图2-2）。

图2-2 英语直播

知识是信息的一种，而实用性强的知识就是最宝贵的信息，在信息时代它的价值不言而喻，教育直播可以通过适合于线上的教学手段完成变现。

（1）一对一课堂

一对一课堂其实是线下教育最传统的变现方式，它的优点是能够根据学生的特点进行针对性的教学，教育效果更明显，所以它的费用也更高昂，不需要教培机构投入太多的精力就能获得高回报。教育直播的出现，可以将"一对一"模式升级为"二对一"，也就是让两个老师同时授课，可以起到优势互补的作用，而这是在线下不容易操作的。通过教学直播，学生可以随时和老师沟通，体验感更强。当然，线上的一对一课堂也存在缺点，比如不利于教育标准化，难以大范围地变现等，但是这种私人定制式的教学方式也符合人性化教育的基本逻辑，相信在未来会随着教育直播的不断完善得到大力的推广。

（2）小班课

线上的小班课模式，和知识社群中的VIP社群非常相似，按照操作逻辑，它是在公开课之后的知识付费课堂，和线下的小班课相比，转换速度很快，在学生们试听了免费课程之后，有意者可以直接进入小班课的付费模式中，省去了很多中间环节，也能加快学生从试听到付费的决策过程。

（3）大班课

大班课虽然不能直接变现，但它是变现的前奏，教育直播可以通过这种公开免费的形式，辐射更广泛的受众，让他们体验到教培机构的教学效果，比如通过名为"白板"的插件，把提前准备好的视频、语音、课件通过直播间播放，然后让教师凭

图2-3　直播课堂

借"白板"中的评论区解答学生提出的问题，在这个过程中加强互动，弥补现场教学的体验感，从而增加付费转化率。

追溯教育直播的发展史，可以发现它诞生的时间并不晚，从形态上讲和早期的在线教育没有什么区别，但是教育直播有一个最大的特点就是灵活性，它不用像线上课堂那样限定在一个专业的场地中，而是随时随地完成教学任务，针对现在的学生更人性化。打个比方，线上课堂会要求学生在固定的时间收看，而教育直播可以见缝插针，利用学生的碎片化时间传授知识，同样也能合理利用教师的空余时间，实现教育效果的最大化。这种灵活性对成人教育来说更实用，因为很多人要兼顾工作和生活，只能通过碎片化的时间学习，因此教育直播顺应了时代的发展，给予教师和学员更自由的操作空间，让学员免去后顾之忧，提高变现率。

事实上，无论是以商品信息为内容还是以知识信息为内容，教育直播都具备了直播时代的优势，它对标的不仅仅是线下课堂，也是传统的在线教育，

所以"线上"并非运营的关键词，"直播"才是其变现的立足点。

企业直播：每个品牌都是自媒体

互联网时代的到来，让每个人都有话语权，而直播时代的到来，让每个人都有上镜的权利。看着那么多主播从普通人变成话题人物，越来越多的人也想尝试一下，同样作为企业，也看到了直播的价值所在，想要借此发力，扩大品牌知名度。

如果企业做直播，从品牌塑造的角度看有什么好处呢？

1. 让用户更有消费体验感

什么是消费体验感？就是用户不仅购买了产品，还能知道产品是如何生产的，就像目睹一个生命从孕育到诞生的全过程一样，这会强化用户和产品的连接性，让他们更容易"爱上"产品。企业通过直播产品的研发和生产过程，就能满足用户对产品的好奇心，这也是很多企业直播主要做的内容。那么和传统电商相比，直播这种动态、立体的呈现方式显然更生动鲜活。打个比方，用户从超市买来一盒鸡蛋，只能看到粗略的介绍和鸡蛋的最后形态，但是通过直播却可以了解母鸡的饲养环境、了解它是否健康等，这就会让用户更加放心，也会强化他们对该品牌的认知。

2. 让用户和企业的互动性更强

一般用户在消费时如果不产生售后问题，那么用户和企业是缺乏关联性的，并不知道他们使用的产品是由什么样的人制造出来的，更没有机会了解该企业的企业文化，缺乏互动性，也就很难培养忠诚度。但是企业直播就不同了，它是先让用户和企业在直播间里互动，用户可以提出问题，企业进行解答，往来之间就增加了对企业的了解，企业也能进一步挖掘用户的潜在需求，这对于培养彼此的好感度非常重要，可以帮助品牌吸纳到更多的用户。

3.让用户打消疑虑

如今的消费者已经趋于理性和成熟，他们不会盲目地追捧某种产品，而是会进行横向对比，因为互联网提供了这一便利，这对于企业来说有利有弊：有利的一面是传播产品信息的手段丰富了，速度加快了；弊端的一面是用户能够感知到更多的同类产品。那么企业通过直播可以减少用户心中的顾虑，以真实的方式展示企业、产品和品牌文化，从而让用户尽快做出抉择。

4.让用户提升对品牌的信任度

消费者自身是存在消费习惯的，那就是使用过一个产品之后下意识会继续选择，只要该产品保持良好的体验感。自然，企业直播就能强化这种体验感，不仅在售前进行低成本的宣传，在售后还可以通过建立客户群、粉丝群的方式增加用户凝聚力，让用户有的反馈及时得到回应，消除误解，提高用户对品牌的宽容度，那么信任感也就在无形中培育出来了。

2019年《少年的你》上映，打动观众的不仅有剧情，还有唯美的摄像和剪辑，当时某个影视培训机构通过"老炮电影"发布了"如何剪出《少年的你》同款特效"的话题，将文娱话题和商业营销结合在一起，直接收获了一大批粉丝的关注。这是一种借助他人自媒体进行宣传的方式，有利于塑造品牌，可以理解成一种新形式的企业直播，对企业的形象建立和长期的业务拓

图 2-4　视频剪辑教学

展很有帮助（见图2-4）。

　　企业直播的流行不仅是从内部需求出发，也是受到外部环境的影响，因为当大多数企业都开始直播时，没有发声的企业就会逐渐降低存在感，犹如逆水行舟不进则退。当然，企业直播的核心目的不是卖货，而是减小用户和品牌的距离感，先打好感情牌，再借助好感度进行营销，这样才能事半功倍。

　　既然企业直播是一定要做的，那就不要把它和其他类型的直播混淆，不能以大众直播的方式去做，这就涉及企业的分类。一般来说，企业大体上可以分成B2B和B2C两大类型。如果是B2B，那么企业面对的不是消费者，直播就更应该侧重于"赋能"——如何说服企业让他们相信你会赐予其力量，这一类直播的重点也不在品牌塑造上，所以并非我们讨论的重点。相比之下，B2C型的企业在直播时才会涉及品牌塑造和销售产品的问题，而且从玩法上也更加丰富多样。

　　林清轩是著名的国产护肤品牌，在2020年春节期间，创始人孙来春亲自上阵直播，他没有直接向观众推销自己的产品有多么好，而是娓娓讲述了林清轩产品背后的故事，其间还大量引用了古典诗词。引起了人们的广泛关注。

　　其实，孙来春的初衷并不是想带货种草，而是在全民抗疫的环境下给员工鼓舞士气，结果是越做越有感觉。在2月14日的直播中，直播间的在线人数超过了6万人，这对于一个没有头部主播的国民品牌来说突破了预期，最终的结果是：两个半小时就销售了近40万元的商品，这对孙来春而言绝对是意外收获。

　　通过这个案例我们可以看出，直播对品牌塑造的重要意义：当受众了解了品牌故事之后，自然会产生亲近感，也就有了消费的冲动，而孙来春的直播也就充当了林清轩的企业自媒体，极大地提升社会关注度。

　　企业直播，重点必须围绕品牌，如果一门心思直播带货而忽视了品牌建设，不是不可行，而是违背了企业直播的初衷，反而会降低用户对品牌的好感度。

直播带货

企业直播是要凸显品牌，这才是关键词，带货只能是当成副产品，所以在直播中要注重品效合一，首先要让品牌在受众心里有一个明确的定位并与直播间的氛围相吻合，这样才能进入带货环节，否则不仅不能扩大品牌知名度，反而妥妥地变成"官方自黑"。

图2-5　企业直播

企业直播，需要有新品发布会那样的仪式感，当然未必非要做在表面，起码要在心理上这样去认知：我要通过直播让受众喜欢我，而不是让他们马上消费。在这一点上，小米做得一直比较好，懂得如何让受众被品牌的魅力所感染，只要情绪到位，品牌就能焕发出光彩，而接下来有关营销的事情就水到渠成了。

生活直播：分享文化的崛起

如今，直播已经成为当下社会的潮流和趋势。在各个网红打卡地，你可能看到面对手机直播的人；在热闹的商圈，你可能看到自称主播的人声情并茂地讲话；在家里，你的亲人和朋友也可能随时随地打开手机向粉丝打招呼……真可以说是人人都是主播，人人都自带直播间。

直播，正在改变我们的生活方式。当很多人把自己的生活播放给陌生人看的时候，也就形成了一种独特的直播类型——生活直播。

如果放在过去，肯定很多人无法理解：我为什么要去关注一个陌生人的生活呢？这个人既不是社会名流又不是演艺明星。的确如此，因为那个时候的观念和现在不同，人们注重的是线下生活，和自己没有交集的人和事是不怎么关注的。但是自从互联网诞生以后，从"网友"开始再到"网红"，人们已经开始接纳并习惯于融入陌生人的世界，也能接受陌生人走近自己，这就是生活直播能够兴起的心理原因。

从本质上讲，人们在互联网的生态环境中是孤独的，如今很多年轻人、中年人工作压力很大，业余生活匮乏，而网络是唯一能够低成本娱乐和放松的虚拟空间，一旦进入这个世界，人们会下意识地远离熟人，尽情地放纵自我，所以他们可能交流，而观看直播就是一种独特的方式。

生活直播和其他直播相比，更能让人找寻到安静和温暖。电商直播，核心还是围绕卖货，不管主播亲和力多么强大，想要变现的初衷是不变的；游戏直播，只针对游戏玩家，非游戏人群并没有什么兴趣；秀场直播，有时候又太过喧闹，同样变现味道很重。至于教育直播、旅游直播这些目的性也很强，生活直播就成了剩余的也是最佳的选项。

生活直播以生活中的琐碎为主，内容基本上和受众重合，主播经历过的事情、讲述的事情仿佛就近在眼前，所以天然就有一种亲近感，哪怕没有什么特别吸引人的亮点，看主播就像在回放似曾相识的经历。

除了受众个体的原因之外，从众心理效应也起到了推波助澜的作用。因为人们本质上害怕被时代和社会抛弃，所以当别人把喜欢看的东西推荐给自己时，总是很难拒绝，至少会尝鲜试试看，一来二去，就有越来越多的人发现生活直播的乐趣所在。

直播带货

图 2-6　生活类直播

　　以上是从受众的角度分析生活直播为什么那么吸引人，那么对主播而言，生活直播也是一种理想化的选择：没有变现的刚需，没有营销的压力，没有利益的绑定，更容易让人进入全身心放松的状态中。同理，受众的孤独感也会在主播心中折射，他们也有倾诉的需求，有向外人展示自己生活的意愿。你情我愿，双方都存在诉求。

　　安徽蚌埠有一个女孩叫杨莉，她在4岁那年因为触碰到高压电线导致双臂被截肢，后来她凭着毅力考上了安徽农业大学，毕业后开始从事文职工作，因为一次偶然的机会进入直播界，成了专门直播生活的"网红"，现在拥有90多万粉丝。在直播中，杨莉不仅向人们展示了一个无臂女孩的现实世界，也在和粉丝的互动中传递了励志精神，培育了励志文化，给屏幕前那些因受到挫折而一蹶不振的人输氧打气。

　　直播普通人的生活，却能创造出不普通的价值，这大概就是生活类直播的最大意义。

　　现在的直播产业从类型上看已经分化出四大主流：电商、秀场、游戏和泛生活，前三种都有比较明确的变现需求，而泛生活直播看起来有些特立独行，它更看重的是主播和粉丝之间"分享和陪伴"的关系存在，也就能剑走偏锋地更容易俘获受众的心。

　　和生活直播相比，其他三大类直播压力更大，有来自内部的，也有来自外部的。电商直播，是一种有前景的商业模式，但是因为进入者逐渐增多，未来可能会掀起一场血雨腥风，利益纠缠之下难免会困难重重；秀场直播，本质上讲的还是"美色经济"，或多或少会打一点擦边球，未来可能还会出台相关政策约束；游戏直播，因为所剩的平台不多，可能会长期陷入拉锯战中。

　　反观生活直播，它符合了移动互联网碎片化、去中心化的趋势，更贴近用户的体验需求，而移动直播的存在更是凸显了这种优势，让主播可以随时随地分享自己的见闻、心得，与粉丝天南海北地交流。

　　分享经济，也是伴随互联网兴起的一种经济形势，而分享文化其实如出一辙，它不过是以知识为交换核心的另一种表达。如今，人们获取知识的渠道增多了，接收的信息量大了，但是人们反而变得不爱看书了，所以才催生出"懒人听书"这一类的节目，就是以一种拟人化的方式和受众交流，从中间接地获得信息、知识和观点。

　　那么，生活直播可以看成是高段位的文化分享，因为它不仅可以融入主播的知识和经验，还能还原主播获得这些知识和经验的场景，就像一位接地气的老师一边讲课一边带着学生做实验一样，很容易打破知识传输壁垒，让受众在沉浸式的氛围中有所精进。

　　武汉的"90后"女孩谭洁，用手机直播自己吃饭、逛街，短短3个月就吸收13万粉丝，月入2万元以上。

　　谭洁之前是北漂一族，从事演艺行业，然而发展得并不顺利，后来在朋友的建议下，性格开朗的她加入到了直播大军之中。起初，谭洁和其他新人主播一样，以为把自己打扮得漂漂亮亮的，然后对着摄像头唱歌跳舞就会有人观看，结果跳了半天只有30多个人在线。后来，谭洁终于明白，把自己的生活真实地呈现给粉丝就能吸引大家观看。于是，谭洁她每天的直播工作就是在武汉三镇到处去逛，直播吃饭、坐公交、买衣服等日常生活（见图2-7）。

直播带货

图 2-7　街头直播

刚开始直播生活的时候，谭洁也有点不适应，因为路人会用好奇惊讶的眼神看着她，不过很快她就习惯了。面对粉丝时，谭洁总是能展示出自己的真性情，她会在镜头前情不自禁地哭出来，也会传递正能量的文化。比如在春节期间，谭洁在街上遇到一位擦鞋的老奶奶，粉丝们马上让谭洁给她点钱，结果谭洁说，老奶奶选择了擦鞋为生，肯定不想接受别人的施舍，最后谭洁让老奶奶擦鞋给了 20 元的报酬。

没有炒作，不搞噱头，和粉丝分享自己的人生态度、交流世界观，在直播间里培育浓厚的文化气息，这就是谭洁直播生活的主旋律。

像谭洁这样没有突出才艺和过硬资源的女孩，能够通过直播生活的方式满足人们的社交需求并附带产生变现价值，这正是说明了全民直播从逻辑上讲是没有问题，而一旦范围被提升到全民这个维度上，它就代表着一种强大的信息流在不同人群中传递，这本身就是一种文化精神的演绎。借助生活直播作为载体，不仅主播和粉丝之间可以互动，粉丝和粉丝之间也能交流，在这个过程中就会产生知识的输出和吸收，也能产生观点的碰撞和融合，这就是文化的力量。

生活直播，不是"楚门的世界"，它是在主播知情且自愿的情况下发生的，是一种良性的对外开放，因为打开了一扇门，就有更多的门被打开，那么每一扇门后面的信息、人格和文化就不再局限于原本狭小的空间里，而是得到了扩散和升华。

游戏直播：最受年轻人喜欢的直播

提到直播行业，不得不提游戏直播，这也是许多人认识直播的开端。在资本的追逐之下，网络直播平台如雨后春笋般冒了出来，经过市场的优胜劣汰之后，剩下了为数不多的游戏直播平台，其中以虎牙、斗鱼为首。

游戏直播，有技术型和娱乐型两种。早期的游戏直播，大多是为了看游戏玩法，更偏重游戏本身，而如今随着直播行业的发展和游戏的大众化，游戏直播也变成人们消磨时间、娱乐消遣的一种方式。

游戏直播行业的持续火热，新入行的主播想站稳脚跟便不能掉以轻心，还有许多亟须思考的问题。选择直播哪款游戏也是每个新人主播应该深思熟虑的，选择有粉丝基础的游戏，就意味着激烈的竞争环境，而新游戏则意味着知名度有限，自然吸引的粉丝有限。当然，选择游戏要基于自己的游戏水平，首先选择自己擅长的游戏。

作为游戏主播，一定要关注直播的质量和效果，对设备和网络环境的要求较高，起码在直播游戏的过程中不能有太多的卡顿。

选择固定时间直播可以最大化稳定粉丝群体。

① 10：00—11：00，是对新主播最有利的时间段，大神主播已经下线，许多粉丝还意犹未尽，如果新人主播能够在这个时间段抓住机会获得较高的关注，就说明他的直播风格是被粉丝接受的，有提高知名度的可能。

② 11：00—14：00，选择在中午时间直播的主播，一般是有自己的固定粉丝群的。

③ 14：00—20：00，这个时间段的人气没有下一个时间段高，但是相对竞争也少了许多。

④ 20：00—24：00，这个时间段是直播行业竞争最为激烈的时间，各路大神都在这个时间段现身，也是观众人数最多的时间段，但对于粉丝较少的

直播带货

新主播来说，这个时间直播竞争较为激烈，不如在这个时间，多逛逛其他平台和火爆的直播间，看看他们为何人气爆满，学习他们的直播技巧。

而且每个直播平台都有时长要求，要达到要求还要合理安排时间。既然决定直播便不能半途而废，要持之以恒，不能无故停播，如果临时有事最好提前向粉丝说明。

直播是一个需要努力和技巧的工作，甚至还需要一些运气，时间会带来一定的成绩，但只靠时间积累粉丝是极为缓慢的，还要善于总结自己的不足、学习其他主播的技巧。优秀的主播都是有共性的，或是技术好让人信服，或是能言善辩给粉丝带来欢乐，或是新颖独特吸引眼球。

作为一名游戏主播，无论是技术型主播还是娱乐型主播，游戏的基本操作是要有的，但随着游戏的深度运营，玩家群体的快速成长，主播的技术优势逐渐被取代，直播间的观赏性就会大打折扣，在带领粉丝玩游戏时容易遇到问题，尤其是技术型主播，更要有解决这些问题的能力。不同类型的主播依靠自己的特质吸引粉丝、积累粉丝，想要直播之路走得长远，就要形成自己的风格。

主播一条小团团，起初只是斗鱼上的小主播，为了吸引粉丝，她将自己的游戏短视频上传到抖音上，因其搞笑的风格和独特的嗓音，很快在抖音上走红，斗鱼直播间持续爆满。2020 年 1 月 8 日，她配音的手游《剑与远征》中的游戏人物"酒馆少女"上线。小团团个人形象鲜明，搞怪少女的形象深入人心，也让她在直播界迅速走红。

除了依靠个人形象和特色建立风格，直播间的互动能够决定主播的直播风格，互动话题不仅包括游戏本身，还可以加入搞笑趣事和新闻热点、主播和粉丝的日常，这些都可以成为互动的话题，在交流过程中可以添加一些口头禅，加深主播与粉丝的沟通，利于在长时间的互动沟通后形成自己的风格。

既然是游戏直播，游戏作为直播中极为重要的部分，一定要关注游戏版本的更新，也可以增加直播间的话题。

为了提高直播质量，尤其是直播前期，可以将自己的直播录制下来时常观看，看看存在哪些问题，是不是存在技术不足、直播间氛围不好、沉浸游戏忽视了直播间互动等问题。

2018年游戏直播平台大洗牌，熊猫直播不堪敌手，苏宁看重的龙珠直播也已出局，其他直播平台不温不火，唯有斗鱼和虎牙两家站稳脚跟，就在此时快手游戏直播突然闯入大众视野，日活跃量达到3500万，将斗鱼和虎牙甩在身后。

三足鼎立的局面，让人们重新审视三家游戏直播平台。

虎牙是第一家上市的游戏直播平台，证明了游戏直播行业的价值，此外，虎牙在筛选和培养主播方面有自己的一套机制，有着良好的公会和主播生态。虎牙不仅重视头部顶级主播，也注重中小主播的发展，形成了庞大的主播群体和粉丝群体，他们成为免费的游戏和虎牙平台的分发渠道。

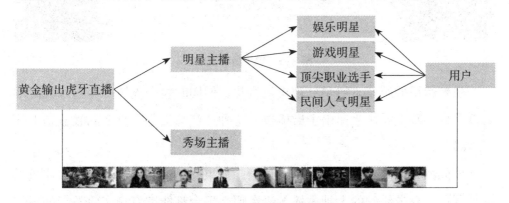

图2-8　虎牙平台的主播分类

斗鱼在虎牙上市后，也选择在美上市，通过上市，斗鱼获得了更多的博弈资本。斗鱼的大神级主播是几个平台最多的，已经火出圈的冯提莫、张大仙、大司马、骚白等人都在斗鱼平台，其待遇也十分可观，头部主播打造了斗鱼在业界的名气。

快手是公认的用户沉降做得最为成功的年轻企业之一，依托快手而生的快手游戏直播当然也拥有最有力的下沉市场，如此庞大的市场前景，是虎牙

直播带货

和斗鱼所不具备的。快手游戏直播与短视频的结合，形成了极具黏性的粉丝群体，加上独特的社区文化，强化了社交属性（见图2-9）。

图 2-9　快手游戏直播

虽然腾讯的游戏直播早已被市场淘汰，但同时投资虎牙和斗鱼两大游戏直播平台，甚至向快手递出了橄榄枝，这种"赛马文化"带来的收益是十分可观的。

不同的直播平台有不同的扶持计划，如果你是声名大噪的主播，斗鱼无疑是首选，自带粉丝的大神主播无论在哪个平台都能够有稳定收益；如果你有一定的粉丝基础却一直不温不火，虎牙的主播扶持计划无疑会帮你上个台阶；但如果你没有粉丝基础，快手能够帮你从零开始。

美妆直播：赚足视觉享受的经济变现

爱美之心人皆有之，美妆直播带给粉丝视觉享受的同时让主播实现经济变现。

美妆直播与其他类型的直播差别较大，对外形的要求更高，或是外貌出众，或是有自己的风格特色。虽然各个直播软件都有美颜效果，但并不能解决所有问题，美妆直播前的准备工作尤为重要。

1. 硬件的准备

美妆直播要呈现不同的妆容，很多时候要呈现妆容的细节之处，还要不停地讲解，对直播硬件的要求自然也高，高清的摄像头和清晰的话筒、柔和的灯光是必不可少的。

2. 环境的准备

美妆直播，以谈话和互动为主，要营造轻松舒适的谈话环境很重要，准备一些舒缓好听的歌曲，直播时放给粉丝听，能够更快拉近彼此之间的心理距离。虽然是美妆直播，但一直谈论美妆容易造成粉丝的心理疲劳，适当插入一些服装搭配、热点话题和情感故事，能够缓解粉丝一直关注直播的紧张感，增加直播间的活跃程度。

3. 内容准备

美妆直播主要在于分享美妆、护肤知识，每次直播都是带有主题和目的的，谁的直播内容更丰富，能带给粉丝更多实用性技巧，谁就会吸引更多的粉丝。美妆直播看似毫无头绪，实际上有很多内容可以直播，可以根据时下正火的综艺、电影和电视剧，或是流行的艺人，模仿和分享他们的妆容，可以轻松获得众多关注。

4. 形象准备

美妆直播，除了学习美妆知识外，更是一种生活姿态的展现，直播前要提醒自己注意仪态。美妆直播的观众之中，女性占绝大多数，大方得体的肢体语言能够帮助主播收获更多女性粉丝的喜爱。

美妆直播众多，只有拥有个人的特色才能走得长远。除了常规的美妆直播，仿妆直播逐渐流行起来。宇芽是个才华横溢的"90后"，她的仿妆惟妙惟肖，收获了大批粉丝。除了名画中的人物，她还经常模仿剧中人物和名人明星，既新颖有趣，又能够贴合潮流，加上她亲切的个性和特色妆容让她圈粉无数（见图2-10）。

图 2-10　美妆主播

美妆直播，势必会涉及产品，无论是主播使用的产品，还是在直播间出售的商品，都应该保障产品质量。作为一种分享形式的直播，粉丝很容易因为主播选择某一款产品，只有主播推荐的产品质量过硬，才会在粉丝中建立起口碑，收获粉丝的爱。

当粉丝数量达到一定规模，自然会吸引到商家的目光。要注意美妆直播，不应该成为品牌打价格战的战场，而应该成为一个更有效展示品牌的阵地，要以品牌的品质为先，不能一味比较价格，要在产品质量的基础上给粉丝带来福利。

在各类直播中，美妆类直播是吸金能力最强的，消费群体集中在"80

后""90后"，他们的消费习惯更为主动，自我需求明确，喜爱新鲜事物。随着美妆直播的火热，他们养成了直播购物的消费习惯，但也对直播内容有了更高的要求。

2019年1月到11月期间，化妆品零售额为2708亿元，同比增长12.7%，在所有消费品类中位居第二，数据表现不俗（见图2-11）。

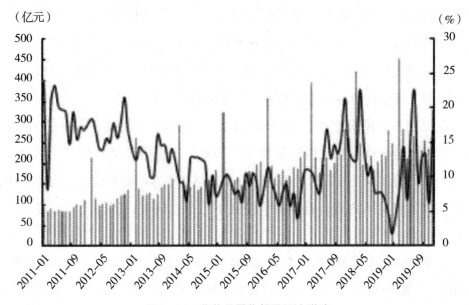

图2-11 化妆品零售额及同比增速

美妆直播行业竞争压力大的同时，各大品牌的竞争也在加剧，打造核心竞争产品成为各大品牌的关键。国内的品牌开始强调自身的品牌调性，通过高性价比的产品完成低线城市的布局，在此基础上加强客户对品牌的认可度，增强用户黏性。

目前，各大品牌主要采用三种社交营销的方式：首先是文案种草，其次是短视频传播，最后是美妆直播。三种方式有各自的受众，且都效果良好，其中文案和短视频更多实施在产品宣传营销阶段，能够将产品完整呈现，同时不受时限控制，可重复利用。而美妆直播，则是在营销环节加上了销售环节，能够有效地展示产品，直接刺激消费者购买，是转化率最高的方式。美

直播带货

妆直播，还可以快速收集好粉丝对产品的偏好，为日后的精准投放打下基础。

提到美妆直播，李佳琦是绕不开的传说，从最初的几个粉丝到现在的千万粉丝，从最初的几千元收入到现在的身价千万元，他的身上仿佛上演着某种传奇，实际上他的美妆直播能够给广大主播诸多启示。

李佳琦直播的成功并非他一个人的功劳，他的搭档功不可没，在李佳琦面对镜头侃侃而谈的时候，是他的助理完成了产品的准备工作，让他有更多的时间与粉丝互动。李佳琦在直播前是彩妆助理，拥有丰富的彩妆知识，在做淘宝直播之后，他积极地在小红书、抖音、微博上分享这些彩妆窍门，针对不同的人群推荐产品，给粉丝留下中肯诚信的印象。

在早期抖音的分享中，他只分享口红，介绍口红时除了包装、膏体颜色、质感、持久度、掉色情况等常规形容外，还会用明星和角色介绍口红，如此一来更贴合粉丝的消费者心理，一支口红仿佛带给她们更为梦幻的生活，让她们离明星生活更近，这样的营销之下，李佳琦很快就打出"口红一哥"的称号。

早期的美妆直播中，李佳琦经常喊口号"姐妹们，来喽来喽""OMG""买它买它"等，这些口号十分简单而且便于记忆，在他一日又一日的不断重复之下，每个进入直播间的人都会强化记忆，想起这几句口号，与此同时衔接一些肢体语言，是他独有的营销模式。

李佳琦的成功绝非偶然，良好的团队配合、积极的分享营造口碑、细分领域、持之以恒和鲜明的个人风格造就了他，让他成为独一无二的李佳琦。李佳琦的成功无法复制，但却是可以通过他的方法打造具有个人魅力的美妆主播。

美妆直播发展到现在，至臻完善，形成了直播内容多样化、直播平台的同质化、直播平台KOL（KOL：意见领袖）化的行业现象，同类化竞争加剧、粉丝年龄层单一、虚假数据等问题渐渐浮现，主播唯一的出路就在于营造自己的个人风格，如此才能在众多主播中脱颖而出。

如果走中低端路线，就要营造亲和力强的个人形象，拉近与粉丝的距离；如果走高端路线，就要营造精致生活的个人形象，让粉丝信任和崇拜。在直播过程中，尽量避免谈论涉及"三观"的话题，避免因为此类问题损失粉丝。

美妆直播走过了最为锋芒的时刻，想在复杂的竞争环境下有所收获，就要善于发现粉丝的需求，也要善于表达自己风格，一个魅力十足的美妆博主是永远受市场欢迎的。

吃货直播：一边吃，一边赚钱

民以食为天，吃是生活中永远绕不开的话题，直播行业火爆之后，吃货直播吸引了大众的目光。2014年，有一些韩国主播开始在直播平台上直播吃饭，意外获得了很高的人气，吃播的方式逐渐进入大众视野。韩国最火的吃播主播被戏称为"奔驰小哥"，虽然长相清秀，但每次都能吃下惊人数量和热量的食物，巨大的反差让他火出了圈，成为韩国众人皆知的主播。

吃播同样火爆的还有日本，日本一直有"大胃王"一类的比赛，吃播出现后，很快成为"大胃王"比赛的替代节目。许多"大胃王"参赛选手，通过直播收获了金钱和名利，木下佑香便是其中的一位。她经常参加"大胃王"比赛，2009年获得了"元祖大胃王决定战"的新人赛亚军，之后再没有更好的成绩呈现。

当她开始吃播后，由于长相甜美、擅长卖萌，深受粉丝喜爱，获得了更多的关注，这些都是她参加比赛不曾收获的。木下的体重只有86斤，却能够在直播中一次吃完6斤拉面，或是100个烤肉团，或是8斤牛肉盖饭，还曾挑战一次吃下100个汉堡并且挑战成功，令人震惊。除了单纯的吃播，她还经常直播食物的制作过程，区别于其他吃播主播。

当B站引入了日韩的吃播视频后，吃播视频点击量猛增，这种新颖的形式

直播带货

吸引了众多人的目光，其中不乏主播。

国内第一个吃螃蟹的人是密子君，这位身材娇小的重庆女孩在阿里巴巴园区内一次吃掉8斤米饭，在微博上火了起来，随后开始了吃播，如今已经是几百万粉丝的主播。

最初的吃播，以量取胜，哪个主播吃得多就会吸引更多的粉丝，粉丝们大多因为猎奇心态，驻足直播间。当吃播火爆之后，粉丝们便不再满足于吃得多，而是更多地喜欢看到主播津津有味享受美食的样子，吃播的形式也随之发生了变化。吃播从吃掉更多的食物，完成了到分享美食、探店试吃的转变。

吃播的盈利模式很简单，一靠粉丝打赏，二靠直播卖产品，三靠广告收入。吃播涉及食物，

图 2-12 大胃王吃播

无论是推荐的还是卖的食物，都要安全有保障，在推荐和售卖前要确认再三，有国家认证的食品标识的才可以推荐。与品牌合作时，也要选择较大的品牌和厂商，维持自身的品牌效应。

在这其中，淘宝直播中的吃播尤为特殊，其他平台的吃播以吃为主，淘宝直播的吃播则以食物为主。淘宝直播的吃播没有其他方式的盈利，单纯以

卖产品为主。

《2019淘宝美食直播趋势报告》显示，2018年整年有超过16亿的人蹲守在美食直播间中，直播间中食品类的交易同比增长400%。在这些粉丝中，20~40岁的观众最多，女性的购买力也更为惊人，接近总量的三分之二。观看吃播的粉丝在地域上也有明显的特点，其中粉丝最多的地区是广东省，其次分别为江苏省、浙江省、山东省、河南省、河北省、四川省、湖北省、安徽省、上海市。

根据淘宝直播的数据，吃播粉丝最活跃的时间依次为21—22点、19—20点、23—0点、15—16点、17—18点，其中19点到凌晨零点的6小时，观看时长达到了全天的58%，由此可见，"深夜食堂"对于众多吃货们更具吸引力。

除了淘宝直播外，快手的吃播仿佛多了些"土味"。快手凭借着庞大的粉丝群体，在加入吃播之后，迅速蹿红，甚至开启了"快手美食家计划"。"快手美食家计划"主要有三个方面的内容：一是要在2020年内继续扶持美食类的创作者，提供总价值10亿元的流量扶持；二是对于有潜力的创作者和主播，提供专享流量资源扶持；三是同时上线美食创作者服务平台，为快手美食直播提供更多的服务。

快手的吃播主播"大胃王浪胃仙"，是位探店类的主播，被粉丝亲切地称呼为"浪老师"。他的点餐十分有特点，每次都要菜单上的所有菜品，只有一份、两份、三份的区别，没有要与不要的区别，有时候吃完了还会加上几份。如今，他已经收获了1200万粉丝，并扬言"不怕人设崩塌，因为人设即本人"。在他的分享会上，他介绍自己为"一个特别能吃的喜剧演员"，完成了自己在粉丝心目中的形象建设。

快手不同于其他的平台，快手鼓励主播运营自己的粉丝，创建黏性更强的互动直播。想要成为吃播，除了胃口大、能够在不损伤身体的情况下，长时间吃东西，还要学会吃播的直播技巧。

直播带货

吃播一定要有好胃口，但并非每次直播都食量巨大，有一些完全是视觉效果。利用碗大而浅的餐具，在吃播过程中，让餐具靠近镜头也会显得食物更多。吃播要尽量选择容易消化的食物，或是壳多肉少的食物，保护消化系统。

许多吃播主播表面风光，实际上过着常人难以承受的生活。有些主播天生胃口大，能够吃掉较多的食物，但更多的主播是通过锻炼成为的"大胃王"。有的主播会在直播前对胃进行系统的训练，通过喝水的方式，让胃逐渐达到极限，也让自己逐渐习惯撑到的体验。吃播虽然拥有稳定的受众群体，但伤害自我的方式不可取，要选择适合自己的直播内容。

在吃播过程中，不仅要关注食物讲解食物，还要提升直播的观赏性，适当增加一些与粉丝的互动，会让直播间气氛更活跃。如果是探店类吃播，要客观评价，不要营造所有的食物都好吃的氛围，遇到不喜欢的食物要实话实说，如此更能拉近与粉丝的距离，提升粉丝的好感度。

吃播最重要的一点，要有自己的风格，最好能创造自己独有的"梗"，让粉丝每次看到听到就联想到你，让粉丝一下子记住你。

很多人不理解为何吃播会如此火爆，起初看吃播的粉丝多是因为某种原因，自己无法享受美食，通过看吃播，仿佛自己在享受这些美食，达到精神上的满足。如今，看直播的粉丝中有一部分是为了发现美食，有一部分是为了消磨时间和好奇心理，还有一部分是单纯喜欢这种直播方式，通过吃播获得快乐。

从田野到餐桌，吃播从原本的直播间走到了人们生活中，吃播经济与美食文化有着密不可分的关系，吃播的火爆是国民经济提升的表现，如何在这波红利中获利，是每个想要踏足吃播界主播的都该思考的问题，除了对于名利的追逐，自身健康问题也值得深思。

医疗直播：普惠性的健康传播

在互联网直播业高速发展的时期，各行各业都涌出了"直播经济"。医疗行业作为较为封闭的领域，除了每年有"最美医生""最美护士"评选活动等，似乎与互联网的最潮流的热门、热点无缘，与直播更是很难联系起来。

但这些都是过去的传统看法，如今，医疗行业的"春天"来了——医疗行业的营销正在被直播这个风口所打开。

想要让医疗透过直播实现双赢，就需要做到两点：专业和服务。有了这两点保驾护航，医疗直播一定会做得很好。

医杰影像是一个定位医疗直播服务的企业，其正在尝试运用自主知识产权的直播技术专注于医学传媒与医学培训市场。该公司提供医学会议直播、手术直播、其他医学场景直播的流媒体服务。

首先来看一下医杰影像这个团队。该团队由一群来自华为、西门子、同仁医院、百度等跨行业多元化公司背景的成员组成。医杰影像的 CEO 李强是来自华为的资深技术背景人士，医学总监李继鹏则是来自同仁的眼科专家，COO（Chief Operating officer，首席运营官）邵学杰曾在西门子工作多年。

团队的成员虽然来自各行各业，但是大家都专注于同一个方向——医学直播方向。医学视频直播可以应用在临床查房、会诊、手术、讲座与学术会议等，医生只需举起手机，就可以直播。

医杰影像在直播方面搭建了会议直播平台、视频分享平台及其他医学场景直播平台。医疗学习者也可以将自己手术、会诊等视频分享，与更多的用户进行交流与学习。同时，医杰影像也做学术会议的直播，利用这种直播方式，将一些高难度的有价值的手术或者学术会议以直播的形式展现出来。这样一来，那些无法直接参会的医生或者其他用户可以通过直播实时观看，并且提出问题，解决问题，让用户学习到更多的知识。

直播带货

对于知名医生，也会进行相应的专题直播——不仅是冷冰冰的手术刀或专业知识，还有医生背后充满正能量的故事。从这种情形来看，医生在医杰影像直播平台成为网络直播红人并非难事。

随着技术的发展，越来越多医学会议开始开通网络直播，允许远程医生通过直播参与到会议中来。除单向的网络直播会外，还有双向多城市多会场互动网络会、医院间视频联络会诊、海外连线网络互动直播、医药公司产品上市会等多种形式的直播会议类型。这种直播的优势很明显，可以节约时间、节约费用、扩大影响、参与方便。

当然，医杰影像直播及类似手术、学术会议等专业的直播方式，想要在直播方面做得好，还需要线下大力的支持，比如现场的各类设备租赁如高清摄像机、标清摄像机、手持 DV 机、直播用调音台、直播监视器、视频导播台等以及相应的人工支持等。因此，医疗直播需要很高的费用。

除此之外，在医疗直播方面，还可以尝试以下几种方式。

1. 直播在移动医疗领域的探索

作为移动医疗的一大重要组成部分，App 产品被移动医疗领域的相关从业者寄予了高度期望。经过几年的发展，目前行业内也出现了几个极具影响力的移动医疗 App，例如，以轻问诊为核心的春雨医生；提供基础功能的同时，能够帮助用户对药品安全进行检测的阿里巴巴健康等。

非营利及非政府性质的国际医疗卫生会员组织 HIMSS 给移动医疗的定义为"借助智能手机、PAD 等移动通信工具及技术为用户提供医疗产品及服务"。该定义也证明了移动医疗绝不仅是 App 产品，只要是借助于移动工具及技术来为人们提供医疗产品及服务的，都属于移动医疗的范畴。

2016 年 6 月 28 日，映客创始人奉佑生在第三界"网易未来科技峰会"中分享了"直播 +"的理念后，直播吸引了诸多医疗从业者的密切关注。

从 2016 年 8 月底顾峰大夫在映客直播开播以来，累计直播超过 30 场，获得了超过 7 万名粉丝，单场直播的平均观看人数达到将近 12 万人。以映客为代表的直播平台是一个十分优质的媒介，它能够有效地缓解国内的医疗资源匮乏问题，让更多的普通用户通过与直播的名医、专家进行交流互动学习医疗健康知识。

在映客直播平台中，除了顾峰大夫外，还有上百名包括儿科、妇科、泌尿外科、消化内科在内的诸多领域的医生主播，能够帮助广大用户系统解答各种医疗健康问题。

2. 全民直播能为医疗带来什么

"直播 + 医疗"这种新玩法的出现，又会给直播领域带来怎样的变化呢？长期以来，国内医疗技术相对落后、医疗资源分配不均、看病难、看病贵等问题，令广大患者怨声载道。而在线医疗的出现无疑为解决这些问题提供了一种有效思路，但传统在线医疗的问题在于，它传递信息的效率及真实性难以得到充分保障，由于国内诚信体制建设不完善，很多人对于在互联网中提供在线医疗服务的医生缺乏足够的信任。

而以映客为代表的视频直播平台的出现则打破了这种局面，直播的实时互动传播特性能够让用户与主播之间产生良好的信任感，虽然隔着屏幕，但专家、名医的言行举止能够清晰地展示给用户。随着直播技术及其基础配套设施的不断完善，未来的直播将会带给用户更为极致的服务体验，借助于 VR 直播，我们甚至可以和远在海外的主播及其他用户在一个直播房间内进行"面对面"的交流沟通。

未来，会有越来越多的医生进入直播平台为广大用户分享医疗健康知识，在推动医疗知识得到推广普及的同时，也会为医疗企业带来相当可观的利润回报。对于映客等直播平台而言，直播能够吸引广大用户群体的关键在于能够源源不断地为用户提供优质内容，而医疗健康知识不但本身具有较高的价值，而且国内普通民众对其了解程度处于较低的水平，医疗健康知识能够在相当长一段时间内满足用户需求。

2020年4月28日，根据中国互联网络信息中心（CNNIC）公布的第45次《中国互联网络发展状况统计报告》：截至2020年3月，中国网络直播用户规模达到5.6亿人。在如此庞大的直播用户群体的支撑下，医疗与直播结合后，将会通过科学讲座、手术直播、药物安全检测直播、临床手术教学课程等方式，带给广大民众全新的医疗健康知识普及与方式分享体验，并为相关企业带来丰厚的回报。

旅游直播：世界那么大，我想去看看

2020年，新型冠状病毒肺炎席卷全球，人们的出行计划彻底打乱，旅游市场全面紧缩，为了提前布局，无论是旅游主播还是旅行社、景区，都纷纷开通直播渠道，寻求旅游业的线上突围。2020年4月2日，浙江湖州为了刺激旅游业的发展，推出了旅游直播活动，向大家宣传"绿水青山就是金山银山"的发源地湖州，超级旅游达人、携程董事局主席梁建章，与湖州市人民政府副市长闵云一起直播。这场直播的直播间设置在安吉国家级旅游度假区的安吉悦榕庄，这座拥有270度湖景山峦景观的酒店，将湖州的山水美景尽收眼底，李安导演的《卧虎藏龙》也在此拍摄过（见图2-13）。

图 2-13　旅游直播

这场直播反响热烈，是政府与企业寻求合作的一次试水，也是旅游业面临疫情的一次尝试。实际上旅游直播早已有之，除了在直播间介绍旅行线路以外，还有一种亲身体验式的旅游直播，他们深入各个地方，把美景带给直播间里的粉丝。

贾雪风就是一位知名的亲身体验的旅游主播，这位上海姑娘在成为主播前，是春秋旅游的运营人员，因此对旅游项目十分熟悉。春秋旅游入驻飞猪平台后，开始了旅游直播，年轻活泼、喜欢表达的她顺势成为一名主播。

她形容自己的工作为"主播的作用就是给观众'种草'"，要给粉丝们成功"种草"，就要具备丰富的知识储备，因为需要出境，主播的个人形象要好，口语表达能力也要强。在一场跨年旅行的室内直播中，虽然只直播了短短几分钟，但是她从错峰出游、海岛跨年谈到年末拼假等，给观众留下了深刻印象，她还分享自己在三亚参加沙滩派对跨年的经历，这次短暂的直播让她收获了一大批粉丝。

每场旅游直播，主播都要推荐一些适合单人或者多人旅行的目的地，并且保持与粉丝的互动，回答他们的问题。看似简单，实际上要求大量的准备

直播带货

工作，首先你要了解你推荐的目的地的概况，包括景点、饮食、宗教习惯等，还要了解旅游政策和交通情况。在直播过程中，遇到粉丝提问这些问题，要对答如流，建立职业感和粉丝的信任感。

在旅游直播中，每场的观看人数、粉丝活跃度、吸粉效应和转化率，都决定这场直播的效果，因此主播们通常会使出浑身解数，卖出一张张旅游订单。有的主播喜欢介绍当地的特产小吃，有的主播喜欢带粉丝领略美景，有的主播则会根据季节特性推荐路线。

除了旅行社，邮轮、酒店、景点等旅游机构都在相关平台上开设了直播。飞猪旅行的数据显示，有的旅游直播曾创下单场观看超 4 万人次、120 多笔成交的直播纪录；贾雪风工作的旅行社，首场直播之后实现了粉丝日均增长 40% 以上，引导购买转化率平均 30% 以上……

旅游直播以意想不到的低成本捕获客人，而且完成了超预期的订单。在淘宝内，虽然旅游直播看起来门庭冷清，与美妆直播相比粉丝少得可怜，但在收益上却突破了企业的预期，这也是仍有大批旅游机构坚持旅游直播的原因。

为了增强旅游直播的效果，作为旅游主播，应该选取别出心裁的路线和环节，全方位向粉丝展示景点。另外，主播要亲身体验旅游中的项目，通过直播的形式增强观众的感知，让他们有更强的代入感。

但是旅游直播由于其自身的特性，不会出现美妆类、食品类等商品火爆的现象，而且旅游直播一般时间较长，一个、两个小时甚至更长时间都处于一个场景中，直播过程也没有修饰，对受众而言是"所见即所得"。天气状况的影响对旅游直播影响很大，有时候仅仅因为不是晴天，直播呈现出来的效果就大打折扣。

为了提升旅游直播的效果，中国旅游研究院专家吴丽云表示："对于观看直播的潜在旅游消费人群来说，通过直播了解一些目的地的深度体验，获取小众景点、私家餐厅等独特的信息，比大众化的内容更有吸引力，因此，在线旅行社和旅行社在强化直播宣传版块时，可以着重开发一些具有相应特色属性的产品，与直播相互搭配进行。"许多商家为此，推出了直播专享的预约折扣，加大了主播的优惠力度。

在疫情期间，虽然国内大部分景区处于关闭状态，但旅游直播可以帮助景区维持关注热度，在一定程度上实现景区的创收。吴丽云建议："如果旅行社能与有条件开展直播的景区对接，一方面，景区方可以解决主播出不了门的问题，将最新最真实的现场传递给网友们；另一方面，旅游企业也可以为景区迅速积攒流量、集聚热度、销售配套产品，实现快速变现。"

旅游直播的粉丝大多为"80后""90后"，旅游企业可利用人气主播和网红的影响力，打造网红同款旅游线路，与传统的攻略相比，直播的形式能让人更直观地感受到当地的风土人情（见图2-14）。

图2-14　旅游主播在景点直播

相比美食美妆直播和游戏直播，旅游直播才刚刚起步，"旅游＋直播"的新模式还在探索之中，对直播行业和旅游行业都会带来很大的可尝试空间。旅游直播除了能够销售更多的订单，还能为平台吸引更多更长期的观众，他

直播带货

们会成为将来旅游产品消费的主力军，同时直播的形式新颖有趣，打破了空间的藩篱，让用户获得足不出户就可以身临其境的深刻体验，积极促进在线旅游类产品的开发和周边产品的销售，让更多产业拥有了变现的新模式，给旅游业的发展带来启发。

但是，从目前来看，旅游直播尚处于试水阶段，旅游主播的娱乐性大于专业性，市场期待着更多爆款旅游主播的出现，但现实极为严峻难以满足行业需求。

旅游直播是旅行社和商家的又一个阵地，前景可期，首先，旅游直播的商家和主播要保持直播的活跃度，保证每周不少于三场直播，稳定粉丝群。其次，要加大宣传力度，在标题、封面和内容上下功夫，提高直播间的点击率。再次，加强直播互动，不仅是在增加粉丝黏度，也是在提高账号权重。最后，积极参加平台的活动，注意平台外的引流。

旅游直播刚刚起步，前景值得期待，这不仅需要直播平台的投入，也需要旅游企业和旅游主播的共同努力，对于旅游主播来说不仅需要扎实的专业知识，还要有跋山涉水的体力以及风趣幽默的讲解才能吸引更多的粉丝，才有机会在暗潮涌动的旅游直播中拔得头筹。

第三章

定位——找准需求，才有未来

定位便于粉丝一眼读懂你

平台的定位决定它的高度，主播的定位决定拥有什么样的粉丝。一个想要在直播界出人头地的主播，要做的第一件事就是给自己一个准确的定位。只有定位明确了，才能确定日后的发展方向以及直播的主要内容。

有的人不想过早地给自己定位，想要在实践中摸索。平心而论，这种思维方式或许适合别的行业，但是对主播来说并不适合，因为主播是要在观众面前抛头露面的，一旦你确定一个方向，观众和平台也会记住你，就会理所当然地把这个定位和你绑定在一起，如果你日后改变了这个定位，观众未必会接受，而且还会受到之前定位的影响。

"定位"并非一个宽泛的概念，也不是一个细化概念。有的人认为自己能歌善舞，以为这就是定位，其实这只是你个人的特色而已。如果你只是简单地把自己的才艺或者个性当成定位，那还是弄不清你在直播界的发展大方向。很多时候，选择的确比努力更重要。

斗鱼上有一位叫张小薇的美女主播，如果单看学历，这就是一位北京传媒大学的硕士，似乎和电竞、直播都没有相关性，应该从事和传媒有关的工作，然而在进入张小薇的直播间以后，你会看到一个"话痨"主播，脑洞超级大，和粉丝像是唠家常一样沟通，完全看不出学霸的气息。个人识别度极高，也很有观众缘。

张小薇缘何要决意当一名主播呢？因为她实在太爱说话，内心像藏着一团火一样，每时每刻都忍不住要迸发出来，而这样的特质似乎并不适合在公司里上班，所以张小薇毕业后选择了主持人的工作，但是主持人也不是想放开就可以放开的，思前想后，张小薇决心把自己的优势放大，于是来到了泛娱乐化的斗鱼直播平台，开启她的直播事业。

主播有很多种，有电商主播，有游戏主播，还有秀场主播等，这些主播类型虽然可以转型，但是转型是要有代价的。比如你之前是游戏主播，粉丝大多数是游戏玩家，突然有一天你改成了秀场主播，更换了新的平台，那么这些粉丝不可能全部会被迁移过去，最多有少数的死忠粉会跟过去，这样一来你就失去了原本属于自己的流量。所以，瞄准一个方向发力，才能让你的人气具有持续性，同时也能在一个领域积累知识和经验。

那么方向如何选择呢？我们选取几个主流的主播类型分析一下。

电商主播，直接面对的就是消费者，十分考验你的商业嗅觉以及对电商行业的了解程度。看看如今淘宝直播上的头部主播，大多数都是有从商经历的，比如薇娅、烈儿宝贝等，再或者有着专业技能，比如李佳琦，所以对市场不敏感，对行业不了解，贸然进入电商直播很难有大的作为，特别是像淘宝直播这种大神云集的平台，新人出头必然要经历一个长期蛰伏的过程，这对于素人主播的心理素质是极大的考验，如果你的抗压能力较弱，不建议从电商直播做起。

当然，电商直播的发展方向更开阔一些，毕竟直播带货现在成为主流，未来会有更多的平台进入，那么在供应链方面电商平台优势更突出，也会有更多的资源和政策倾斜。所以，做电商主播前期挑战性很大，后期可能会享受到很多优厚待遇。

游戏主播，受众人群多为男性用户，他们大多数是"直男思维"和"直男审美"，这和淘宝直播上的在线用户有较大的区别，当然这并不代表男性主播更有优势，只是切入点不同。如果是女性主播，单靠颜值并不能在游戏直播平台上占据一席之地，要像学生时代能够和男孩子打成一片的"假小子"（单指性格不包括形象）一样，喜欢电竞，性格爽朗，千万不要有文艺青年的那种矫情，这些特征或许在别的平台上管用，但是对虚拟世界里战天斗地的男性玩家来说很没有市场。所以，游戏主播并不太看重你是否有商业天赋，而是要有一股子钻研的气质，喜欢在游戏里较真，好胜心强，这些才能成为你吸粉的特质。

和电商主播相比，游戏主播的发展前景同样开阔，虽然它本身缺少电商的基因，但是很多平台做的是泛娱乐化，游戏只不过是内核而非全部，像斗鱼也十分注重发展直播带货，只是和纯粹的电商平台相比并不看重主播的商业背景，不过在供应链方面可能不具有太大的优势，主播有可能会前期面临的压力较小但是后期会遇到一些发展瓶颈。

秀场主播，同样是男性用户较多，不过他们和游戏玩家不同，来到直播间不是为了寻求紧张和刺激，而是休闲娱乐。由于缺乏核心的兴趣点，用户的素质可能良莠不齐，这就需要主播有较强的沟通能力和应变能力，不然一旦在直播间里和观众发生冲突，往往很难收场。不过，秀场主播的门槛相对低不少，它不要求你有什么样的职业背景，也不要求你有过硬的技能，更多的是需要你有良好的外在形象和待人接物的能力。

从未来发展前景来看，秀场主播想要走直播带货的路线难度系数较大，因为秀场直播间里的粉丝往往和你带货的目标人群不重合，除非是平台有清晰的思路，能够根据用户特征定制相关的产品。另外从资源的角度看，秀场

直播带货

直播平台的电商化程度较低，未来直播电商大战时，供应链的控制权必然是争夺的焦点，那么秀场主播有可能会面临着有百万订单却没有货源的尴尬问题。

以上只是列举了常见的几种类型主播，其他类型的主播，也都是根据平台和用户的特点来区分的，研究起来并不难，只要去相对应的直播间里在线停留一段时间，就能发现各自不同的特点。

当你选择了一个明确的发展方向时，那就开始了一段素人主播的历程。这个阶段是初始阶段，也是你的起步期。无论是做电商主播还是游戏主播，这时的你必然是默默无闻的，这是可以预见的必经之路，所以一定要以平和的心态面对。当然，这并不代表着你要被动等待，而是一边直播一边搜集信息反馈，看看自己是否存在着硬伤，是否偏离了自己预设的方向，特别是要戒骄戒躁，不能一看到排行榜上没有自己的名字就心灰意懒，或者盲目跟风去模仿榜一，这并非捷径，反而可能扰乱了你预设的发展路径。

"宝子啊"是虎牙的一位游戏主播，号称"和平精英一姐"。虽然貌美如花，但是她没有选择做秀场直播，因为秀场本身缺乏内容，而游戏直播就不同了，每年都会有各种类型的电竞比赛，引起网友的关注，这就给了自己出人头地的可能。另外，宝子十分擅长经营和粉丝的关系，总能和粉丝保持良好的互动，让她在和平精英版块霸榜相当长的时间，让她人气飙升（见图3-1）。

选对了方向，选对了策略，加上过硬的游戏技术，让宝子啊成了虎牙的头部主播之一。可能有人觉得，在遍地都是男性用户的平台，和粉丝搞好关系不就是依靠颜值获得好感度吗？其实不然，如果你看过宝子啊的

图3-1 游戏主播宝子啊

直播，就会知道她绝不是靠发嗲撒娇取悦粉丝的，而是像个毛头小子一样在游戏里横冲直撞，让不少粉丝产生强烈的亲近感。

所以，定位不是泛泛而谈，它要具体指向你身上的某个特征，这个特征会成就你成为某个类型的头部主播，而这个特征是需要自己去发现的，如果依靠别人去指点，有可能会误导你，因为我们在他人面前展现出的自我未必是真实的自我，所以我们要直面内心，问问自己擅长在哪个领域发力并考虑好作出抉择之后面临的压力和后果，这个定位才是理智的。那么在明确定位以后，轻易不要回头去审视，而是要一门心思地走下去，越坚定越能增加幸运值，越徘徊越容易错失机会。

平台定位决定平台内容

视频直播是一种利用互联网及流媒体技术的直播形式。对视频直播而言，它将文字、声音、图像等丰富元素融合在一起，而且它还利用真实、生动的真人表演，给大家制造出强烈的现场感，这样能很容易吸引观众的眼球，从而达到令人印象深刻、记忆持久的传播效果。

正是视频直播的这些优势，催生了互联网视频直播行业的迅猛发展。各界大佬们纷纷跻身视频直播的行列，或者收购投资，或者打造新颖独特的直播平台。可以说视频直播已经成为一种新的经济纽带，将原本看似没有联系的各行各业都紧密地联系起来。

在做视频直播之前，首先要做好定位。因为一旦视频直播有了准确的定位，就犹如在茫茫大海上航行的帆船有了灯塔的指引。清晰的目标也是整个直播平台前行的动力。

如果，一个直播账号没有明确的定位，观众就无法做出明确的判断，以至于给观众一种可有可无的感觉。当观众无法意识到账号存在的意义时，也就失去了进一步关注的基础。那么，对于一个直播账号来讲，如何才能体现自己的特征呢？

1. 如何选择适合自己的直播方向

对于一个直播平台的运营者来说，选择了适合自己的直播方向，将会如虎添翼，并在直播市场中大有作为，成功分得一杯羹。反之，将会以失败告终。所以，一个适合自己的直播方向的重要性也就不言而喻了。

2015年下半年映客的火爆便是很好的证明。映客作为国内外众多直播App中的一款，之所以能够脱颖而出，在很大程度上是因为它的形式更简单，玩法更多样，并且映客真正实现了"让视频直播不再是专业人士的特权"这一目标。另外，映客不仅仅能够让用户实时观看视频，而且它还有一个让用户欲罢不能的特性：变现能力强。

只需一个映客App，无论是业余主播，还是专业主播，都能自由开启直播。直播的内容也很随意，没有强制要求。当挣到一定的映票时，用户可以对其进行提现，这也就是用户所挣的钱。边玩边挣钱，这是多少人梦寐以求的事情。映客将用户的娱乐需求与经济需求很好地结合了起来，满足了用户的需求，获得了用户的认可。这既是映客直播的方向，也是它的特色所在。

所以，要想在众多的视频直播平台中独领风骚，关键在于对直播平台的定位。对于定位，运营者们需要思考的是：我有什么资源？因为这些资源决定了直播平台的发展方向。一般可以从以下三个方面考虑。

（1）资金因素

资金直接决定了一个直播平台是否能够顺利开展。在如今资本创富的潮流影响下资金在很大程度上对平台的发展起着决定性的作用。如果你有足够的资金，你就能打赢这场没有硝烟的战争。反之，你就只能黯然退出战场。

BAT之所以能够在互联网领域独领风骚，一个很直接的原因就是他们拥有雄厚的资本作为支撑。易租宝起来了又倒了，可支付宝毅然屹立于互联网金融界。用户为何如此信赖支付宝？其实还是因为有阿里这个强大的财力做后盾。做直播平台也是如此，必须要有前期的投入，才能有后期的收益。

平台的运营者在确定直播方向时，应该结合自身的资金财力情况进行定位，而不应该盲目地规划平台的发展规模，因为错误的方向会让整个直播平台一步错，步步错，最终遭到淘汰。

（2）技术因素

技术决定了视频直播的质量和功能。随着 IT 技术的发展，视频直播变得越来越容易。一套简易的设备或者一部手机，就能完成视频直播的制作。但是，反观这些直播视频，大都存在观看不易、操作烦琐、画质不清晰的问题。这些问题无疑会影响到整个直播平台的发展。

直播平台的运营者在确定平台发展方向时，应该充分考虑技术因素，根据已有的技术力量选择直播方向。如果运营者选择了一个自身技术水平无法达到的直播方向，那无异于搬起石头砸自己的脚。由此可见，技术因素也是一个不可忽视的因素。

（3）人力因素

一个直播平台的顺利运作离不开人力因素。而作为人力因素之一的直播主播，是整个直播平台直接对接用户的前线人员。所以，主播的质量往往直接决定了用户量。在这个看脸的时代，主播颜值的重要性被提到了首要地位。一份网络调查显示，99% 的用户是冲着主播的颜值去的。网络上甚至流行着一句这样的话："没有一张网红脸，就别来揽这主播活儿。"由此可见，一群高颜值的主播对于直播平台发展的重要性。

直播平台的运营者在确定直播方向时，应该将人力因素考虑进去。就拿主播来说，毕竟每个主播所擅长的领域各不相同，如果你的平台中主播多数擅长游戏，那么你就应该将游戏直播选作平台发展方向。如果平台的主播们擅长唱歌跳舞，那么秀场直播应该是你选择的方向。

当然人力因素还包括运营者的能力、技术人员的水平、用户群体等。一个优秀的平台运营者在为平台选择方向时，会将所有情况综合起来考虑，从而为平台选择一个量身定制的方向。

综合资金、技术、人力这三大因素，基本能够确定一个直播平台的发展方向。对于直播平台的运营者来说，有了方向的指引，直播平台在整个运营与推广的过程中将会动力十足。

2.给你的用户画个像

2016 年 1 月 9 日，来疯直播举办了首届"来疯 STAR 超盛典"。活动得到了广大用户、粉丝的支持，业内一些知名人士也参与了此次活动。来疯直播隶属于合一集团（优酷土豆）。与优酷旗下大多数产品不同的是，来疯直播主打互动娱乐。来疯直播自成立以来，发展速度一直赶超同行，现已在互动娱乐行业"杀出"了一条血路。

来疯今天的成功在很大程度上要归功于合一集团的准确定位。优酷与土豆本身就是做视频起家，因此在对视频内容的把握方面有着独到的见解。这也就决定了来疯在运营伊始就将综艺节目的打造作为其主要内容，将用户群体定位在了明星粉丝这一块。因此，来疯直播成了一个有特色的视频直播平台。

目标确定下来，来疯不断突破传统模式，朝着精细化方向转变，并且颇有成就。来疯推出了多档综艺直播节目，不仅迎合了已有用户的需求，更吸引了一大批新用户。同时来疯在主播以及直播内容方面严格把关，所以来疯的节目都以精品化著称，获得了用户一致好评。通过对主播的严格监控和管理，来疯直播平台打造出了多位时尚新星。

对于来疯来说，优酷土豆本身拥有的众多粉丝是其发展的先天优势。为了充分利用这个先天优势，对于由优酷土豆、SMG 集团、SNH48 联手打造的节目——《国民少女》，来疯提供了多样化的直播互动支持。这不仅为来疯成功圈得一大拨粉丝，也提高了优酷土豆的点击率。

来疯直播准确定位，根据其用户的需求，将综艺直播、明星互动、主播管理、内容监控等丰富的内容作为平台的立足点，此举为来疯吸引了更多粉丝关注。而来疯之所以以此为立足点，是因为来疯将用户群体定位在了年轻群体上。换句话说，来疯种种举动的依据是用户群体的需求。

来疯的运营模式符合市场法则。因为对于一个直播平台来说，用户是平台实现经济变现的对象。没有用户，平台的变现也就无从谈起，直播平台的推广与运营也就没有了意义。所以，对于直播平台的运营者来说，平台的用户群体是哪些，这些用户群体有些什么特点，这些都是必须思考的问题。

2016年4月22日，网易科技第45期五道口沙龙在北京举行。此次沙龙的主题为"直播时代来了"。另外，这次沙龙的一大看点是易直播联合创始人张岚在现场分享经验。

从张岚分享的经验中可以看出，易直播做到了对用户准确定位。根据用户群体的特征，易直播推出了"密码房间"功能。这个功能的推出正好契合了垂直领域直播者们的刚性需求。此举将推动易直播迎来又一个发展的春天。

因此，找准了直播平台的用户群，也就意味着找准了平台运营的发力点。按照用户的需求创作出的内容，自然能够吸引更多粉丝，提高变现率。

了解直播背后的用户群体画像

一个成功的主播，不仅能了解自己，更要了解用户。只有摸清了用户的基本特征以后，才能有针对性地给自己定位并选择适合的直播风格。特别是在直播带货成为一种流行趋势以后，主播要具备把粉丝转化为客户的能力，而这个转化是要建立在洞察粉丝内心需求的基础上，而不是单纯依靠你和粉丝的关系，或许在短时间内主播可以用情感变现的方式让粉丝购买产品，但

直播带货

是从长远来看这仍然是一种不成熟的表现。

不仅主播如此，电商平台更要分析用户画像，这样才能形成整体战略，才能明确制定出直播电商的发展方向。下面，我们从整体上探讨直播用户的基本特征。

图 3-2　直播正改变我们的生活

一般来说，直播可以粗略分为娱乐、电商和游戏三大类，这三种类别各有突出的特征，所以便于比较分析。

第一类：娱乐类直播

这一类以我们常说的秀场直播为主，这类平台的用户年龄段比较分散。因为现在有着大量的明星和网红进入，所以确保了娱乐直播平台的用户基数。通常，娱乐直播的用户集中在一、二线城市中，具有消费能力的用户占比较高。那么，这些用户经常出现在哪些平台呢？

根据艾媒咨询的数据统计，2019 年中国的娱乐直播平台中，20.1% 的用户更喜欢 YY 直播平台，19.4% 的用户偏好映客直播，15.5% 的用户偏好 KK 直播。也就是说，YY、映客和 KK 这三大娱乐直播平台就分走了一半以上的娱乐直播用户。

2019 年中国娱乐类在线直播行业用户的直播平台偏好，见图 3-3 所示。

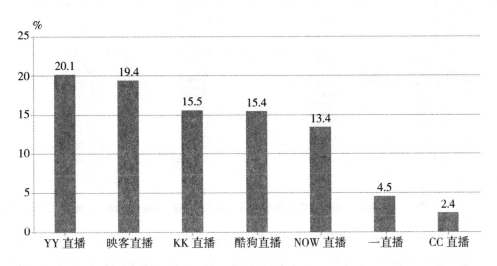

图 3-3　2019 年各直播平台的用户偏好

第二类：电商直播

电商直播是变现最快、方式最直接的直播，也叫购物类直播或者消费类直播，这类直播平台的特点是女性占据 80% 左右（只有小红书的男性用户比例相对较高），趋于年轻化，主要是集中在 35 岁以下的消费群体，而且市场发展潜力很大。以淘宝直播为例，由于其自身的高垂直度，核心用户的黏性高，购买意欲强，能够实现交易额的快速增长。

第三类：游戏类直播

这是一种开发很早的直播类型，平台的发展十分依赖主播，这类平台的用户以"80 后""90 后"乃至"00 后"的男性用户为主，所以斗鱼直播平台遍地都是美女主播，她们相当于平台的命脉所在。和娱乐类直播相比，游戏直播门槛相对更低，和兴趣结合度更高，而且拥有庞大数量的游戏主播。2019 年 3 月的统计显示，国内游戏播主的开播量为 1825.6 万，增量十分惊人（见图 3-4）。

直播带货

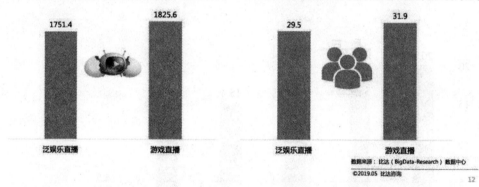

2019年3月中国泛娱乐直播的播主开播量为1751.4万，游戏直播的播主开播量为1825.6万。

2019年3月中国泛娱乐日均活跃播主数为29.5万人，游戏直播日均活跃播主数为31.9万。

2019年3月中国泛娱乐与游戏直播的直播开播量（万）　2019年3月中国泛娱乐直播与游戏直播日均活跃播主数（万）

图3-4　游戏直播的播主开播量和日均活跃播主数均高于泛娱乐直播

2019 年第一季度的报告显示，移动直播的男性用户占比达到了 61.2%，而女性用户占比仅为 38.8%。从年龄分布上看，18 ~ 25 岁的用户群体人数最多，达到了 35.4%，而 26 ~ 35 岁的用户占比是 31.2%（见图 3-5）。

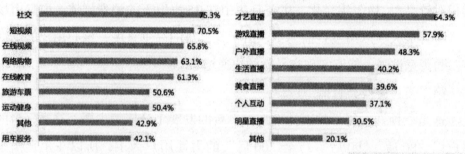

2019年第1季度中国泛娱乐直播用户平台类别偏好分布中，用户最喜爱社交平台，占比75.3%；短视频平台占比70.5%。

2019年第1季度中国泛娱乐直播用户喜爱观看直播类别偏好中，才艺直播占比最高，占比为64.3%；游戏直播占比57.9%；户外直播占比48.3%。

图3-5　泛娱乐直播用户平台偏好和直播类别偏好

同样是 2019 年第一季度的数据，我们可以发现移动直播用户的偏好排行是：第一是才艺类的直播，用户占比达到 64.3%；第二是游戏类直播，用户占比达到 57.9%；第三是户外直播，用户占比达到 48.3%。虽然这是基于移动直播用户作出的统计，但可以得出一个结论：当用户利用碎片化时间观看直播时，更倾向于娱乐休闲而非电商购物，所以单纯依靠电商平台变现，未必是最有效的途径，如果能够和泛娱乐相结合，可能效果会更好。

数据是变化的，平台是不断发展的，用户的审美也会受到外部环境的影响，所以数据作为参考的价值更大，而不能完全作为决策的依据，我们还是要从用户的心理诉求出发，研究他们在观看直播时都在想什么，这样才能有的放矢，做好直播平台，做强头部主播。一般来说，可以从以下四大心理特征入手。

1. 好奇心

可以说这是任何一个直播平台用户的万能驱动力，人们第一次观看直播，绝大多数是在好奇心的驱使下，他们想要知道直播的内容是什么，主播都是什么样子，为什么有人带货就高达几千万元甚至上亿元……这几乎是所有用户的普遍心理，也是每个直播平台吸引用户的最基本的手段。如果平台和主播能够把内容设计好，让用户的好奇心不断被调动起来，那么他们很可能从低价值用户升级为高价值用户。

2. 无聊

"无聊经济"是最近几年的热门词汇，2020 年疫情期间，有网友拍摄的邻居家的窗帘视频竟然火爆起来，这里面真的有什么精彩的内容吗？没有，但是这里涉及一个重要的心理特征：人们在特别无聊的时候并不喜欢动脑，也不介意内容是否真正有趣，只要能消磨时间就好。所以，无聊作为一种驱动力，也能让用户长久地停留在直播平台上，那对于平台而言，多打广告多引流就非常重要，因为用户一旦被抓取过来是不会轻易走掉的。

3. 虚荣心

很多收入不高的粉丝给主播打赏时却毫不手软,那么这背后的驱动力是什么呢?是虚荣心。很多人在现实生活中没有成功的人生,自然就看重虚拟世界的成就感,会购买主播推荐的产品,以此来体现自己的忠诚度。从这种心理特点出发,平台应该重视主播的气氛调动能力,刺激用户的消费欲望。

4. 兴趣吸引

现在很多平台出现了细分化的趋势,也就是基于不同的才艺培养技能各异的主播,做用户的兴趣垂直,这个出发点是正确的。互联网在带给用户方便和快捷的同时,也一定程度上催生了他们的寂寞和孤独,因为网络是庞大的,接触到的大多数是陌生人,所以这时候能够找到兴趣相同的人,彼此分享和学习并获得认可和鼓励,这是一种很强的黏着性,就像俞伯牙和钟子期寻找知音一样。那么,平台和主播在面对用户时,尽快地对他们作出兴趣分类就十分重要,一旦被用户认为是"自己家""自己人",他们对平台和主播的忠诚度就会更高。

直播用户群体基数庞大,想要对每个类别都分析透彻,是一件需要时间和精力的事情,这对平台和主播而言都不容易,但也没必要把它当成难关去闯。因为对主播来说,只要足够了解自己进入的直播圈子就可以了,专注于你直播间里的用户,只要你抓住了用户的核心诉求和主流诉求并充分满足,那么你就成功了一大半。

主播的风格影响粉丝的选择

每个主播都希望自己能成为流量担当,这其中有个人的努力,也有命运使然，不过命运也是机遇和运作共同作用的，机遇或许不完全受人控制，但是运作是完全由自己决定的，这就是主播的风格。

风格和定位不同，定位是你想要在什么平台发展，朝什么方向发展，这是一个战略性的问题。风格就是你要具体走哪一条路线，简单说，就是要成为什么类型的主播。不过，风格并不是和性格密不可分的，它可以根据个人的选择来决定。准确地说，一个主播在不同的事业发展阶段会有着不同的风格，这可能受到情绪的影响，也可能受到认知的影响，还可能受到外部环境的影响。

下面我们就来看一下有哪些主播风格可供选择。

1. 男神／女神型

当你的形象非常出众，能够一眼吸引住观众的话，那就可以走男神／女神型这条路线。不过需要注意的是，虽然如今是看脸的时代，但这并不意味着只要有一张好看的脸蛋就能老少通吃，还是需要你准确把握，否则一把好牌打得稀烂也不是不可能。

（1）保持足够的匹配度

什么是匹配度？一个女神优雅地喝水，谈吐文明，房间整洁……这些周边元素和你的靓丽外形搭配，这才叫匹配度。如果你只是拥有一副好的皮囊，谈吐低俗，房间不整，那么你的高颜值不仅不能挽回这一切，反而会产生副作用，观众会觉得你虚有其表，印象分会大打折扣，远不如长相普通配上一般的环境。

（2）保持足够的沉稳

沉稳不是故作深沉，而是举手投足之间大方得体，这样你的高颜值才显得有男神／女神范儿，容易让人产生好感。对女主播来说，必要的矜持不是矫情，是让人觉得你有内涵；对于男主播来说，必要的老练不是装酷，而是让你显得有修养。

（3）保持足够的神秘感

当然，有些高颜值的主播平易近人，同样能深受粉丝的喜爱，不过那是建立在个性随和、靓丽中带着萌感的基础上，并不是每个高颜值的人都适合，特别是你选择了男神/女神风格，这注定就是要脱离一点群众的，所以神秘感会让观众有进一步了解你的欲望，长久地吸引对方。

Rita 是英雄联盟游戏中的美女主播，无论是颜值还是身材都艳压群芳，当然她作为女神主播也懂得展示优势的技巧，比如在直播的时候用一个不经意的伸懒腰展示健美的身材。另外，Rita 也十分擅长和粉丝聊天，时不时地插科打诨，在保持神秘感的同时又能展示出个人魅力（见图 3-6）。

图 3-6　主播展示自己

2. 唱歌

如果你嗓音动听，唱歌不跑调，有一定的音乐细胞，但是并不擅长和大家分享见闻心得，也没有积累精彩丰富的故事，那当一位歌者也是不错的。毕竟，音乐是人类通用的语言，尤其是在调动情绪方面有着巨大的作用。而且，唱歌本身是一种时尚行为，可以和更多年轻人快速打成一片。不过需要注意的是，要用心去唱，不要荒腔走板地勉强上阵，这样的歌者是没有灵魂的，粉丝很快就会把你忘掉，当然也不能声嘶力竭地去唱，保护好嗓子才是对你的未来负责。

3. 讲故事

走这种风格的主播，通常是谈吐幽默，而且知识储备比较丰富，天文地理无所不知，能够结合实事给大家分析出一二三四，也能回溯历史给粉丝普及各种逸闻趣事。所以，成为一个"故事大王"，就是让粉丝把注意力聚焦在你的内容上，让他们围着你竖起耳朵，在你们之间建立朗读者和聆听者的特殊关系，深入灵魂层面进行沟通。

"犄角"是虎牙的一位游戏主播，在"和平精英"这款游戏中有着不俗的表现，但真正让粉丝喜欢他的原因是，犄角是一个喜欢分享的主播，能够一边打游戏一边"上网课"，比如"百分百上桥方法""如何1V4"等，侃侃而谈，这种插科打诨传授知识的做派很让粉丝欣喜，即便是并不独有的技术，通过他的口述也变得活灵活现。

4. 舞者

直播是动态的交流，所以肢体语言很能吸引观众的注意力，也容易展示出作为主播的整体美。同理，舞蹈和音乐一样都能最大化地调动人们的情绪，让粉丝久久处于亢奋的状态，很容易提高转化率，把粉丝直接变成客户。不过，舞者也不是随便当的，要注意风格的统一性，比如擅长民族舞就以民族舞为主，擅长拉丁舞就走拉丁舞的路线，舞风反复变化，不利于你聚合粉丝，因为不同舞蹈种类的受众也是不一样的。

5. 谐星

这种风格就是以搞笑为主，听起来简单，其实做起来并不容易，因为人的幽默感是发自内心的，是脱胎于气质的。如果你在平时就是一副严肃的脸孔，身边的人从来没有觉得你有幽默感，那千万不要尝试走这条路线。即便你天生就有幽默细胞，也别指望着粉丝一进入直播间就能被你逗笑，因为搞笑也需要氛围和铺垫，太过在意粉丝的情绪反应可能会影响你的发挥。所以，要合理地设置笑点，不能太冷也不能太俗，这都会间接地折射出你的个人素质。

虎牙有一位主播叫"鲨鱼哟"，他没有英俊的外形，声音也不够独特，但是他很会活跃气氛，带着几分不浮夸的谐星气质，他能够一边直播吃鸡的时候一边在直播间里送出欢声笑语，即便有时候失误，也因为他的搞笑而被粉丝们理解，这种风格独特的主播路线让他在高手如云的虎牙站稳了脚跟。

6. 倾诉者

这一类主播有独特的嗓音，不过这种嗓音和歌者不同，不是那种有韵律感的动听，而是声线具有很强的亲和力，让人印象深刻，产生灵魂按摩的感觉。当然，这种动听不是女声的撒娇发嗲，也不是男声的耍帅扮酷，而是一种自然流露的真实。走这种风格的主播，可以把粉丝变成朋友，和他们聊人生，说爱情，谈世界。和"故事大王"不同的是，这类主播未必需要有丰富的知识储备，但是需要很强的洞察能力，能够及时捕捉粉丝的情绪变化，让他们觉得只有你才"最懂我"。

7. 萌妹

走卖萌路线的，一般更适合女性，因为一个傻傻的男孩子未免显得不够成熟，而且也不容易抓取到明确的粉丝群体。萌妹就不一样了，她们未必形象靓丽，但是一定长相可爱，有着醉人的奶音，她们不用储备丰富的知识，甚至也不需要有清晰的逻辑，而是依靠着萌萌的气场去俘获人心。当然，这种萌气必须是自带的，强行去装可能会适得其反。

"小米粥"是斗鱼的一位游戏主播，游戏实力不俗，长相也很甜美，不过在美女如云的斗鱼，这些都无法成为她的竞争优势，所以她选择了萌妹的风格，跟粉丝对话时情商很高，让粉丝纵然有吐槽之心也于心不忍，谁能不喜欢呢？

总而言之，主播的定位和风格不同，定位是轻易不能变的，但是风格可以多样化，因为如今进入直播界的主播越来越多，受众的喜好也不是一成不变的，如果只愿意尝试一种风格是存在很大风险的，也会让粉丝觉得厌倦。

如果你能在女神风格的基础上偶尔卖一下萌，必然能给人耳目一新的感觉。同理，作为一个舞者突然讲起了学舞蹈时候的糗事，也会因"画风突变"让粉丝亢奋起来。当然，最可怕的是没有风格，让粉丝感受不到你的喜好、性情和"三观"所在，这很难在你们之间建立强关系。所以，正确的主播路线就是一元化的风格打底，多元化的风格拓展，这才能不断延续主播的职业生命力。

主播的特质是吸引粉丝的关键

直播行业的快速发展，让主播成了一个热门职业，不少人在看了头部主播的直播以后，也萌生了想要尝试的想法。有的人觉得自己颜值不差，有的人认为自己身怀绝技，也有的人不甘心平庸一生，所以都跃跃欲试地准备进入直播界闯荡一番。

从目标上看，把热门职业当成未来奋斗的方向，这个目标是清晰的，也是合理的；从心态上看，想要出人头地成为行业中的佼佼者，是积极的也是值得鼓励的。但是从客观上看，并非每个人都适合做主播，哪怕你看似具备了某些硬件条件，但是真进入直播间，面对各色各样的粉丝，你未必真的能如想象的那样游刃有余。

一句话，你身上是否具备了主播应有的特色，决定了你是否能在直播界站稳脚跟。

前面我们讲过主播的定位，那是从理性角度对直播行业的判断、分析和选择；之后我们讲了主播的风格，那是从演绎的角度对不同主播类型的阐述。那么主播的特色，和定位、风格都不一样，它是一种内在的个人特质，这个特质通常不会作用于表象，而是决定了你的内涵，也决定了你作为主播的职业生命力。

在直播带货趋势的推动下，主播相当于一个在线销售，它需要你具备基

直播带货

本的从业素质，比如你是否擅长包装自己，是否能够吸引住粉丝，是否能够和观众保持良性的互动，最关键的是，你能否承受得住失败。当然，主播应当具备的素质不能简单地量化，但是可以从中抽取出一些常见的、共性的东西，用它就能衡量你是否能成为一名合格的主播。

1. 较高的情商

曾经有人做过粗略的统计，在那些比较火爆的平台上，表现突出的主播，97% 都具有较高的情商，而那些表现一般的主播，85% 都表现出较低的情商。从这两个数字对比可以看出，情商未必是决定主播能否蹿红的决定因素，但一定是重要因素。

那么，什么是情商呢？它是一种能够识别、了解、管理自己和他人情绪以及处理相应关系的能力。如果一个主播情商不高，那就容易出现不够得体的行为举止，轻则体现在眼神和语气上，重则体现在态度上。

2. 较强的逆商

什么是逆商？是人们在遭遇挫折时的反应以及如何摆脱逆境的能力。作为主播，从素人开始入行，在获得成功之前大部分的时间都是默默无闻的，这是一个必经的过程，如果不能忍受，不能理性地看待这个学习过程，那么很容易中途放弃，把好不容易积攒的人气和粉丝白白浪费。可以说，情商决定了你的高度，但是逆商能决定你的根基。

淘宝直播上有一个昵称叫"爆爆 super"的主播，本名方寸心，她长相酷似郭碧婷，遗憾的是在出生时遭遇不幸，缺失了右前臂。所以，方寸心从小就要承受同龄人难以承受的痛苦。在她做电商主播之后，每天都要换 300 件衣服来展示，这对普通人来说不算难事，但对方寸心来说是一种挑战。刚开始直播的时候，有些观众围在直播间里就是为了看她的笑话，这对于一个身体不完美的女孩来说自然是一种嘲讽，可方寸心并没有放弃既定的目标，她努力要成为一个优秀的主播来养活自己。经过不懈的努力，方寸心如今已经是月入 10 万元的女主播，用坚韧不拔的意志证明了自己。

3. 心怀感恩

这个特质看起来不够硬核，但其实对一个主播而言非常重要，因为一个不懂得感恩的主播，很难对平台和粉丝产生真挚的感情，而一旦缺失了感情，就会让一个人失去了丰满的个性，变成了一个只为利益的工具人。想想看，当一个主播还不出名的时候，总会有一些粉丝不离不弃，平台也不会因为业绩差而将其除名，虽然这对主播来说并无实质性的利益输送，却给了主播日后成长的机会。同样，当一个主播一夜走红之后，完全不顾契约精神离开平台和粉丝，也是一种不负责的表现，这样的直播人生很难获得最终的圆满。

提到斗鱼张琪格，今天可能很多人并不知道，不过如果把时间倒回到几年前，恐怕无人不知无人不晓，因为那时候的张琪格名气比冯提莫还大，堪称是斗鱼的元老级美女主播，直到今天在这个平台上坚持了 6 年之久，这在直播界也是比较罕见了。可惜的是，张琪格在人气巅峰的时候未能把握好机会，今天成了默默无闻的主播。不过有一点值得称赞的是，即便人气长期低迷，张琪格依然没有选择跳槽，要知道如果做回之前的

图 3-7 美女主播

模特儿工作，她的收入会比做主播好很多，所以人们对于她的契约精神还是比较欣赏，也正是这种感恩的心态，让斗鱼一直也没有放弃她，即使直播间观众再少，她每个月依然能够拿到工资，也算是对得起还没有离开她的粉丝和平台了。

4. 较高的素质涵养

和情商、逆商相比起来，素质涵养可能很容易被人忽视，因为很多人觉得它并不难做到，怎么就能成为主播的特质之一呢？其实大家忽略了一点，那就是主播从某种程度上讲也是公众人物，一言一行都会被放大，尤其是不得体的言辞，会通过互联网产生恶性的发酵，这对于主播和平台来说可能会造成毁灭性的打击，而如果是普通人，后果可能就不那么严重了。另外，主播的素质和修养看似不算优势，但其实对吸纳粉丝特别重要，因为这个世界上最多的"粉丝"不是黑粉，也不是铁粉，而是路人粉。当某个人随意进来看一眼你的直播时，你的个人素质会成为吸引他们路转粉的关键，同样，低素质和差涵养也会让人路转黑。

虎牙有一位 LOL（英雄联盟）的人气主播，昵称叫"酷男"，他是公认的人品素质非常好的一个，从 LOL 这款游戏诞生以来，酷男就一直伴随着众多玩家，即便有时候打输了被人骂，他也从来没有说过一句脏话，更没有表现出任何负面的情绪，在粉丝面前一直是一个傻傻的爱笑男孩。2019 年，酷男和妻子离婚，打破了他们神仙眷侣的童话，不过离婚的原因并不狗血，简单说就是酷男没

图 3-8　户外直播

有时间陪伴妻子，所以最终是和平分手，不过酷男却大度地把 2019 年 4 月以前的所有财产都给了前妻，自己选择了净身出户，自嘲为穷光蛋，从这一点上看，酷男无论是素质还是人品都堪称主播界的楷模，难怪风评如此之好。

主播从起步的新人到巅峰的大神，必然要经历一个漫长曲折的过程，这个过程会遭遇来自外部和内心的各种考验和挑战，可能一个错误的决定会让你彻底凉透，也可能因为一个正向的举止让你迈向成功。自然，能够决定一个主播站多高的特质不仅限于以上四点，但是作为基础性的特质，缺失太多的话注定是走不远的。

选择适合自己的直播方向

定位，决定了主播未来的高度；风格，决定了主播拥有什么类型的粉丝；特质，决定了主播的职业生命。除此之外，决定主播能否超越其他主播的关键，就是直播的方向。

这里所说的直播方向，不是要选择什么类型的主播或者直播平台，而是差异化。打个比方，你和另外一个主播都在电商直播平台，都想通过带货的方式变现，那么你选择何种路径就是你的直播方向，这条路径代表着你的策略和战术，能够展示出你和其他主播的不同之处。

2020 年 4 月 1 日晚上 8 点，罗永浩正式进入了电商直播界，三个小时带货 23 种，交易总额高达 1.1 亿元，成为抖音直播的带货 NO.1。

说起罗永浩和他的锤子手机，曾经也是热门话题，有人认为罗永浩称得上留存至今的国内第一代网红，所以从他宣布直播带货开始，网络上的议论就沸沸扬扬，不管罗永浩之前开发的产品究竟如何，单就他的营销能力而言，的确是电商界的翘楚。

直播带货

1亿多的成交额，让电商直播再一次成为热议话题，也唤醒了不少有志于在营销界有所建树的人，他们也想创造带货神话，给自己先定一个亿的"小目标"。

不可否认，罗永浩的这次直播也是被媒体有意去热炒的，让人们忽视了罗永浩个人IP的变现价值，普通人要想积累到这种程度很难，这是其一；罗永浩在鼓动受众情绪方面的确技高一筹，具备这种营销才能的人寥寥无几，这是其二。

站在罗永浩个人的角度看，此次成功意味着他选择了一条正确的方向，那就是直播带货适合他，而搞产品研发不适合他（见图3-9）。

图3-9 罗永浩直播带货

现在，直播用户的使用习惯已经基本养成，他们知道想看什么类型的直播要去什么平台，所以一个游戏主播没必要从电商平台去抢想要购物的非游戏用户，同理，一个秀场主播也没必要去强行引流教育直播的用户。这种格局代表着直播正在逐步走向成熟化和规格化，却也带来一个新问题：垂直用户面对的同样是做垂直的主播，你带货别人也在带货，你是游戏高手别人也不差，而且用户就是这么多，怎么才能把他们都吸引到自己身边呢？这就需要选择适合自己的直播方向。

关于差异化竞争，我们可以参考一下李佳琦自己总结的竞争策略。

李佳琦奋战在电商直播平台，他的专业是美妆，之前做过欧莱雅的美妆导购，论线下营销他技能娴熟，而在线上带货也具有专业性，这一切都得益于他对产品的了解，所以他主攻有特色的美妆用品，这是第一个差异化；李佳琦以男性的身份卖女性用品，而且拥有了"口红一哥"这样错位的称呼，等于给他树立了一个独特的IP标签，虽然给他一定压力，但是也推动他不断地提升专业能力，让他独树一帜，这是第二个差异化；李佳琦在直播前从来不准备任何文案，因为他把产品看成"活物"，每一非常口红都是有感情和生命力的，面对鲜活的东西他去讲述背后的故事，丰富了他的表达，也构建了强烈的感染力，这是第二个差异化。

三个差异化，决定了李佳琦的直播方向和其他女主播不同，也没法让其他人和他对标，所以他才能立于不败之地。

从 2019 年开始，各大直播平台已经迈过了快速扩张阶段，现在进入了用户价值驱动阶段，也就是说，用户已经被"骗"到了平台并开始习惯直播购物，未来要做的事就是如何让用户多掏钱，把直播购物当成一种消费习惯，这就是深挖用户的价值。换个角度看，这代表着直播带货市场走向了成熟，内容为王，垂直深度强化，那么带给主播的压力也是空前巨大的。

对度过新人阶段的主播们来说，给自己定位完了，风格也确定了，那么接下来就是如何依靠差异化的优势寻求破局，成为头部主播，甚至可以说，在直播日益竞争激烈的当下，主播们是不进则退，如果竞争不过别人，不再是能否站稳脚跟的问题，而是可能直接被淘汰出局。所以，如何选择直播的方向是每一个主播都要面对的问题。

从表面上看，很多主播之间的数据对比差异并不大，然而年底分成的时候却大相径庭，其实这就是竞争策略的差异化造成的。

抖音上有一个昵称叫"野食小哥"的美食主播，坐拥 280 万粉丝，在抖音称得上是中上等级的知名网红了。可是大家都知道，美食类的直播多如牛毛，主播也是遍及四海，同质化非常严重，那么美食小哥是怎么独辟蹊径获得成功的呢？

1. 内容差异化

和很多外形靓丽的美女主播相比，"野食小哥"显然不占什么优势，所以他就把竞争策略的重点放在了内容上。一般的美食主播都是告诉粉丝哪里有好吃的，或者现场给粉丝演示制作美食的过程，再或者就是走了吃播的路线，这些套路在美食直播刚诞生的时候还有些看点，可是玩的人多了就失去了吸引力。所以，"野食小哥"给自己定的直播方向是如何在野外采集到食物，然后用简单的办法加工，最后才是吃播。这样一来，直播美食的场景出现了差异化，烹制美食的方法出现了差异化，和其他美食直播拉开了距离，粉丝们能不爱看吗？

2. 拍摄手法差异化

很多美食主播都是以自己为视频开头，然后通过边走边逛或者直接下厨房的镜头表达方式去展示美食，这已经形成了固定思维，但是"野食小哥"不一样，他的很多镜头一开始对准的是活生生的鸡鸭鱼猪，让粉丝一看就产生了好奇心：这个活物怎么加工呢？加工之后真的好吃吗？产生了好奇，自然就有了追下去的动力。除此之外，"野食小哥"对构图也十分讲究，能够制造出一种回归原始的生态美，比如有一次是在雪地中烤羊肉串，燃烧跳动的火苗和皑皑白雪相互衬托，再加上腾空而起的袅袅炊烟，简直美如仙境（见图3-10）。

图3-10　"野食小哥"户外直播

3. 人设差异化

很多美食主播在烹制食物或者吃播的时候，为了调动氛围都会不停地讲话，就是怕粉丝们觉得无聊，然而"野食小哥"却反其道而行之，全程都不说话，让粉丝把注意力完全聚焦在场景、美食和烹饪过程上，谁也不知道下一步是什么环节，美食是煎炒烹炸还是焖熘熬炖……始终被浓厚的神秘感包裹，吊起了胃口。当然，这也得益于户外环境对用户注意力的分散作用，如果"野食小哥"是在厨房里一言不发，那效果就要大打折扣。

其实，差异化并没有那么难，它的核心就是与众不同，并不一定要遵循严格的商业逻辑，只要你能和同行拉开距离，不引起粉丝的反感，那么这种剑走偏锋的路子就值得一试。说到底，差异化竞争考验的是主播的创新思维能力，这就需要你在平时勤于观察、善于思考，尤其是要多看同类主播的节目并且在观看的过程中保持一个提问：我能不能和 TA 直播的不一样？

成功的关键是独一无二

直播平台的发展带火了一大批主播，月入万元、月入十万元、月入百万元都不再是遥不可及的梦想。主播热的时代，几乎人人都想分一杯羹。很多人以为，在网络上卖卖萌、撒撒娇，就能够成为月入数万元的主播。但是，事实果真如此吗？答案自然是否定的。收入不菲是真的，但是没有真正的本事，只能被淘汰出局。

网上经常热传一些直播平台职业主播月入百万元，听起来好像夸大其词，但是主播月入百万元并不是梦，不过前提是你得有绝活儿，能够让用户为你的绝活儿埋单。

由游戏直播衍生的电竞解说在直播中算是一个新行业。一般来说，这是

直播带货

由解说员解说游戏比赛的现场情况，包括游戏玩家使用的技巧、游戏双方的战况等。可能大家认为这份工作很简单，殊不知，一个优秀的解说员要有很高的综合素质。精通各类游戏的玩法，这是最基本的要求。另外，解说员还需要有敏锐的洞察力，能够看到游戏比赛的精彩之处，并且能够用通俗易懂的语言，激情澎湃地将其表达出来。

也正是因为如此，目前全国上下优秀的电竞解说员屈指可数。这些电竞解说员的月收入都保持在百万元以上。可以说他们的收入已经甩出了电视同行一大截。

这么可观的收入真是羡煞想要入围的人。但外人不知道的是，他们在进入这一行之前做了多少准备，付出了多少努力。知名电竞主持人董灿总结说："这一行收入高，门槛也高。要求必须是电子竞技职业选手出身，这样才能读透比赛。但并不是所有职业选手退役都能做解说，你必须能掌控舞台，调动观众情绪，很少能有人兼顾。"

从董灿的总结中可以看出，电竞解说这块骨头还真不是你想啃就能啃得了的。要想在电竞解说行业闯出一片天地来，想要动动嘴皮子就能月入上百万元，必须得拿出绝活儿来。而这个绝活儿包括了专业技能和舞台掌控力以及对用户情绪的调动力。如果你的解说只有你自己能听懂，那还是先回家关上门好好听听董灿是怎么解说游戏的。

所谓"是金子总会发光的"，在直播平台中也是如此。不论是主播还是解说员，如果拥有了一手绝活儿，那么遇到伯乐是迟早的事，将绝活儿变现，月入百万元甚至千万元都不是事。只怕你没有绝活儿，那些愿意花钱买绝活儿的人不知道将钱往哪儿花。

说起电竞解说，不得不提到一位美女解说员小苍。小苍和许多同行一样，也经营了一家以游戏为主题的淘宝店铺。网络资料显示，小苍淘宝店的年收入在百万元以上。令人没想到的是，这位女神级别的电竞解说员是北师大的影视传媒专业的学生。

当接受采访时，小苍告诉记者，虽然自己是一个女孩子，但从小就爱玩游戏。当同龄小伙伴还在抱着洋娃娃玩过家家的游戏时，小苍的游戏水平已经在她家一带小有名气了。小苍说，因为玩游戏的事也遭到过爸爸妈妈的批评，但是因为自己喜欢，就尽量分配好玩游戏和学习的时间，不让游戏影响学习。就这样，这个女孩子将自己的爱好坚持了下来，尽管这个爱好在别人眼里不能称为一个爱好。

后来一个偶然的契机，小苍加入了 Colorgirl 所在的游戏战队，成为一名职业电竞选手。成为职业电竞选手后，小苍才真切感受到了竞赛的残酷。因为电竞职业比赛中是不分男女的，男选手的先天优势加剧了比赛的难度。

"她在女选手中几乎是最强的，但和男选手相比实力还是相差太大了。"徐铎说，"只要一起吃饭，她都喜欢坐在角落里。"

在电竞比赛中遭遇了很多打击后，小苍开始转向电竞解说这条路。据小苍自己说，最开始做电竞解说的时候挣得并不多。由于具有扎实的游戏功底，小苍在电竞解说中有着绝对优势，她能够快速准确解读各种游戏。加之传媒专业的基础，小苍非常善于调动用户的积极性，懂得营造紧张刺激的气氛。这众多的因素使得小苍在 2005 年 TOM 网举办的解说大赛中一举夺冠。作为冠军的她还获得了一次去韩国参加 WEG 线下解说的机会。

从韩国归来后，尤其是在 DOTA 和《英雄联盟》这两个游戏走红后，小苍渐渐迎来了自己的事业巅峰，"小苍"这个名字也渐渐被公众熟知。其实，小苍今天的辉煌很大一部分要归功于昔日的游戏功底。总而言之，小苍今天之所以能够获得令人艳羡的收入，是因为有绝活儿在手。

图 3-11 主播的素养

直播带货

每一个主播月入百万元都不是一件轻而易举的事，它不仅需要主播自己有绝活儿，而且还要长久地坚持下去，并不断提升自己的技能。对直播平台来说，要对主播起到督促作用，让主播变得更有价值。

构建矩阵账号管理群

主播的价值是靠粉丝来确定，不过吸粉是一件比较耗费时间的事，除非你有超强的幸运值，能够突然从素人主播升级为知名主播，否则想要一夜涨粉过万是不现实的。那么，除了依靠自身的才艺和人格魅力吸粉之外，还有别的办法吗？有，那就是依靠社群裂变。

"裂变"是最近几年的火爆词，凡是做运营的都在追求裂变的效果，具体的操作手段就是社群裂变。听起来，这个概念有些模糊，不过实操起来并没有那么难。简单说，就是采用病毒式的营销扩大你的粉丝群体（见图3-12）。

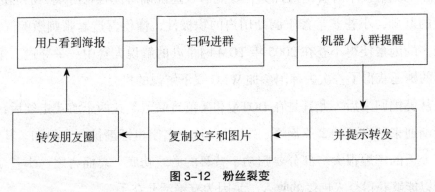

图3-12　粉丝裂变

裂变不是靠一张嘴就能完成的，它需要专门的工具，那就是账号矩阵。

所谓账号矩阵，其实就是我们所说的矩阵号，通俗地讲，就是以一个较大的IP为流量池中心，这叫作"阵眼"，同时细化流量池，将其转化成垂直流量，从而衍生出流量的二次转化乃至三次转化，它的最直接目的就是增加粉丝以及强化粉丝的黏性。换个角度看，矩阵思维就是构建流量的系统思维。

打个比方，你有一个关于美妆知识的微信公众号，粉丝几十万，然后以这个公众号为中心，衍生出眼妆、唇彩、粉底等细分的美妆知识账号，它们就形成了矩阵账号，这样一来，不仅粉丝得到了细化，而且显得更为专业性和系统性，就会有越来越多的人被吸引过来。因为如果你的竞争对手只做眼妆知识的账号，那么关注它的人群会觉得体系不完整，不如投向你，这样就能获得更全面的知识和资源，这就是矩阵账号强大的吸粉能力。

主播无论是否带货，必然都有一个核心的 IP，这可以看成是主播在某个平台的账号，当然这个账号不是只绑定了主播的名头，还会和主播输出的内容有关。比如主播日常直播的内容是美食，那么主播可以根据美食衍生出厨具、营养保健以及食材拼团等多个细分领域，这就形成了一个结构更为完整的内容体系。

账号矩阵会让主播的 IP 更有价值，但是这也带来了一个新问题，那就是如此多的账号，主播如何去运营呢？如果照顾不到，可能白白浪费了吸引过来的粉丝，甚至会因为管理不善产生负面效应，对主账号造成影响。那么，怎样才能高效地管理矩阵账号呢？最有效的办法就是建立矩阵账号管理群组（见图 3-13）。

主号：

矩阵号：

覆盖近300万粉丝

图 3-13　矩阵账号

直播带货

当主播处于事业起步阶段时,一个人就足以处理各种直播事务,但是当主播拥有了一定数量的粉丝之后,单靠个人难以应对,需要进行团队运营,特别是通过矩阵账号裂变时,需要按照不同的垂直分类对应不同的负责人,具体情况根据账号的操作难度和个人能力来确定。除此之外,为了方便沟通,要把所有负责矩阵账号的人都拉进一个管理群当中,方便协调和沟通。

1. 利用群组加强横向信息的交换

管理群不是摆设,不能流于形式,每个负责人都应该把每天的运营情况进行汇总,这是为了让信息产生横向的联系。打个比方,主账号是以减肥健身为核心的,A 账号垂直的是减肥,B 账号是健身,C 账号是塑形。如果 A 账号的垂直用户都表示减肥之后要进行健身,那么这个信息就应该被反馈到管理群当中,让 B 账号的运营者提前准备好有关瘦身之后健身的知识储备和相关资源预留,这样才能方便两个垂直人群的无缝对接。同理,C 账号的垂直用户分享了一些有关减肥的塑形知识和产品信息,也应当被及时反馈到管理群中,让 A 账号有针对性地做相关产品的带货任务。

2. 利用群组加强纵向信息的共享

矩阵账号想要做好,单靠几个账号之间互相扶持是不够的,这只能作为团队内部的自我提升,而一个直播队伍面临的是外部竞争压力,如何化解压力,提升整体的战斗力和变现能力,这才能决定一个团队走多远以及走多快。比如,直播团队所在的平台推出了鼓励主播的政策,那么这个政策如何细化到每个账号内,借助政策进行引流和变现,这就需要根据矩阵账号的整体特征做出决策,所以在团队内部就要充分沟通,站在大众的角度制订合适的推广计划,而不能为了几个热门账号而忽略了整体,否则就失去了矩阵账号的存在意义。

3. 利用群组做大精准粉丝

在流量为王的时代，粉丝的价值代表着一切，矩阵账号的建立初衷也是做多、做活粉丝，所以要把工作重心放在这里。首先，要把每个账号的标签设置好，卖手机的就是潮流数码，卖电熨斗的就是小家电，卖扫地机器人的就是智能家居，分清标签才能让粉丝知道该选择哪里，最好不要吸收重叠的粉丝，这样既违背了垂直用户的定位，也不方便进行统一的计算；其次，每个账号都要有若干个团队内部的小号，它们的作用是负责去各大社交平台引流，根据粉丝画像导流到不同的账号里；再次，做好账号背后的自媒体运营工作，比如：有的是微信公众号，有的是微博大V，还有的是知乎知名答主，这些账号可以在不同的平台发挥各自的作用，那么它们对应的自媒体就要进行差异化的经营，不能粗暴地统一管理；最后，根据不同的流量入口做出不同的数据统计，至少保证一个星期2~3次，这样才能动态追踪互联网这个最大流量池的动向，提前布局，先于竞争对手一步。

总之，账号矩阵管理需要科学方法，也要遵循商业精神，在团队内部切忌重人情轻规矩的不良风气，这样会导致小错误不断，最终发酵为难以补救的严重错误，那对于所有账号的运营都是灾难性的。

一个新人主播如果刚刚小有名气，身边有了三五人的小团队，那么多运营几个账号，最终覆盖数万起步的流量并不是难事，而把这些流量转变为粉丝以后，即便会过滤掉一部分人，但经过账号矩阵筛选后的粉丝价值是相当高的，主播和团队的未来都要靠他们去创造了。

账号——打造自己的专属标签

昵称体现直播方向

一个直播账号呈现在用户面前的首先是头像和昵称，如果昵称有特色，在众多个直播中脱颖而出就会事半功倍，而体现行业方向是使名称有特色的主要方法。例如，大家最常用的租车软件，它们的直播昵称上基本都有"租车"一词；有些培训网站、培训学校喜欢用的词是"培训"。

然而，为直播起个好昵称却不是嵌入某个关键词这么简单，还需要结合企业的经营范围、性质和产品、业务类型等去更深入地做内容。

一些化妆品、美容美发性的企业通常以自己的产品、品牌直接命名直播昵称，如"××护肤品""××美容店""××官方旗舰店"等。直接以产品、品牌名来命名昵称需要很谨慎，毕竟这样做的目的性、功利性太强，会令大多数用户容易产生逆反心理，如果不是有硬性需求尽量避免这样做。其实，完全可以定位成一个"美容百科全书"性质的直播，为用户提供美容、美颜的方法、技巧等，当获得用户的认可后，再植入一些广告，用户也比较容易接受。

再如，有些账号直接以企业名为直播昵称，这也是不可取的，除非在大众中已经有较大的影响力，良好的口碑，否则用户不会买账。这类命名法看似可最大限度地体现自己，其实由于对你不是特别熟悉，等于什么也没说。例如，一个以分享生活、娱乐、美食等资讯为主要内容的网站，直播叫"余姚生活网"，是宁波一家叫"宁波网联网络有限公司"旗下的，已经成为当地的一个潮流生活平台。

这样的命名很好，既有了企业特性，又附加了地域属性，可使用户轻而易举地知道"这是个什么平台，我能从中得到什么"。试想一下，如果直接取名"宁波网联""网联网络"等，结果可能不如预期。

1. 在个性签名上体现

第一次关注某个直播时，我们会看到首页界面上有个"功能介绍"，相信每个人关注之前肯定会细致地阅读一遍。这个介绍就是个性签名，可以很好地定位直播的特性。

个性签名可人为设置，一般在申请时提前设置好，也可不定期地修改，不过每修改一次都需要通过系统的审核。

2. 在内容上直接体现

在内容上直接去体现，是最重要也是最根本的做法，因为只有所推送的内容时刻围绕着本行业去做，并且努力做出特色，不落俗套，才能给用户以崭新的、别致的、眼前一亮的感觉。只要能把内容做好、做精、做出特色，成为行业的头牌，自然会被大众熟知，吸引更多用户的关注。

如何设置你的账号

　　昵称和头像是直播账号的最显著标志，是主播身份的象征，也是向粉丝进行自我展示和宣传的重要窗口。然而，拟写昵称和选择头像却不那么容易，很多主播不受欢迎、粉丝少，很大一部分原因就是昵称和头像设置不合理。

　　现在很多主播的账号昵称、头像可谓五花八门，如用动物名称和形象、游戏名称和截图，以及非主流文化……总之不一而足。很多时候他们都是灵机一动，或者随意放上去的，殊不知，这将会无形中影响观看者对账号的错误判断，或对直播内容以偏概全地定位。

　　其实，账号昵称和头像与人的姓名一样，一个好的昵称和头像不但容易被人记住，而且还能传递有效的信息，或美好的心理感受。因此，要想让自己的直播账号脱颖而出，首先需要取一个响亮的昵称并设置一个富有象征性的头像，其次要善于利用一些技巧，按照一定的原则，让账号更富有个性，更容易引起所有人的共鸣。

　　经总结，命名账号昵称可按照以下原则进行。

1. 直接命名

　　这类账号旨在直接告诉关注的粉丝"我是谁"，通常适合于具有一定影响力的明星、网红，或者在行业有影响力和威望的企业品牌。头像可采用产品或品牌的照片、企业名称、品牌名称、产品的 LOGO 等，例如，账号凯迪拉克、广州日报、小米手机等。

　　"360 股票"开通的直播账号，直接使用了品牌名——360 股票。360 股票是奇虎 360 孵化的一项创新互联网金融证券类服务平台。目前，运营了 PC 版 360 股票、移动端 App、微信公众号"360 股票"等多种传播渠道（见图 4-1）。

　　有的则以企业名来直接命名，例如，欣欣旅游网是一个旅游网站，其美拍账号直接使用"欣欣旅游网"。这种命名方法直接将所能提供的产品或服务的功能、用途体现出来，让用户直接去了解。

图 4-1　360 股票

2. 公司 + 人名

公司 + 人名的命名方式是为了让用户一眼就知道你是谁、是干什么的，以便能更好地定位目标人群，寻找目标客户。

3. 以微信、QQ 等名称来命名

有很多直播账号，直接沿用了自己的微信、QQ 或微博账号，或者这些账号的简单变形。这样的好处是便于用户加深对微信、QQ 的记忆，将粉丝引流到微信、QQ、微博等平台上。例如，育儿网就以育儿网官方微博作为美拍直播账号。

"觅食迹"的美拍直播账号，沿用了其微信公众号的直译——@mishiji001，后者是前者的汉语拼音（见图 4-2）。

图 4-2　觅食迹

4. 以限定于 + 职业、行业背景命名

将直播中涉及的企业背景、人物、产品、服务等，以描述、夸张或拟人的方式间接地表现出来，如王大厨、××学校舞蹈老师、××教练等。

5. 以地域 + 企业性质命名

如果是服务于本地的企业，则可以在账号昵称中加上地域特征，这样，既可以让本地的用户更有亲切感，如美拍账号北京星舞团、太原同城会、加拿大旅游局等；同时，又可以有针对性地吸引外地用户的关注。当然，如果企业的目标客户没有地域限制，昵称中最好不要加上地域标志。

直播间的风格

最近几年，淘宝直播上的薇娅和李佳琦频频出现在各个社交媒体上的热搜区，他们的成功掀起了一股直播带货的浪潮，也让很多人怀揣着成为头部主播的梦想进入直播界。其实，头部主播的成功是多方面的，并非我们单看到的一面，比如营销能力、沟通能力或者把握机遇的能力，很多时候一个细节的成败也能影响主播的事业发展。

当你还在为看似不比你强多少的主播却成名而羡慕嫉妒恨的时候，不妨沉下心来，从他们的成功事迹中寻找能够为你所用的知识和经验，或许在学习这些东西之后，你就真的具备了超越他们的能力。

主播纵然需要多方面的能力，但是核心的能力还是如何与粉丝建立良好的关系，因为直播带货靠的是粉丝经济，粉丝代表着一切。关于如何与粉丝良性互动，我们前面探讨了主播的定位、风格和特质，那么今天我们就来看一看属于"面子工程"层面的一项技能——装扮直播房间。

也许有人觉得直播房间不过是一个背景墙而已，只要别脏乱差就可以

了。其实不然，直播房间本身是一个立体的存在，它和主播是相互依存的关系，并不是干净整洁就能达标了。正如我们搭配服装一样，只是整洁是不够的，还要在颜色、款式、气质上选择和我们最匹配的服饰，这样才能把最美好的一面展示出来。

目前直播间的设计风格，主要有以下三大类型。

1. 欧式风格

欧式风格是很多年轻人喜欢的风格，而这部分人群往往就是直播受众的主力人群，所以选用了欧式风格从印象上就赢得了这部分群体的好感。简单说，欧式风格就是四个字——豪华大气。从装修上就给人一种奢华感，用几年前的流行词汇形容就是"高端大气上档次"。所以，欧式风格烘托的是一种浪漫和惬意的感觉，依靠完美的细节处理带给人一种舒适感。如果你的房间比较小，那欧式风格并不适合，反而会增添一种挤压感。

显然，欧式风格比较适合秀场类主播，因为它的基调就是温馨浪漫，适合人们在休闲娱乐的时候观看，而如果是电商主播，欧式风格的装修会分散人们的注意力，不利于把视线聚焦在产品上，这和主播自身的平台定位密切相关。

2. 中式风格

中式风格具有鲜明的层次感，讲究的是对称的布局和简洁的线条，整体展现出一种高雅和沉稳的气息。一般来说，阅历丰富的人可能更喜欢中式风格，因为它讲究的是条理，就像经历过岁月洗礼的人做事拥有一套逻辑一样，所以年轻人中喜欢它的并不是很多，毕竟中式风格的色彩比较浓重和端庄，不太追求鲜艳和明快的装饰感。

结合中式风格的特点，我们会发现它更侧重于平稳的情绪和深邃的内涵，所以这样的直播间风格比较适合内容化的直播，比如教育直播或者企业

直播带货

直播，主播在和粉丝沟通的时候，中式风格的沉稳练达会给人一种安全感，让人们更容易相信内容的传播者，而如果是秀场类直播可能就不太适合。

3. 现代简约风格

简约风，不能望文生义，把它理解为一种简单化的装修，它的含义是去粗取精，去繁就简，通过浓缩提炼去表达对美的感受，让空间获得一定程度的自由。简约风格的布局，会充满一种时尚和精致的生活气息，向人们传递着潮流的无声语言，也是很多年轻人喜欢的风格。

简约风的直播间，不容易分散粉丝的注意力，但也不是没有存在感，而是能够起到衬托主播的作用，所以如果是直播带货，简约风就非常适合，因为它的布局精简，不会喧宾夺主，在视觉上能够配合主播去介绍产品，能够明确地分出"前景"和"后景"，产生立体感。

除了上述三种主流装修风格外，其他的基本上就是小众风格了，比如美式风格、地中海风格以及混搭风格等。当然小众并不代表着没有受众，归根结底还是要根据主播的平台定位和粉丝画像，确保主播和直播间有一体化的气场，不要有过于违和的画风，这虽然不会直接产生什么问题，但是会在潜移默化之中影响到你的直播效果，进而渗透到你的直播事业中。

冯提莫是知名的头部主播，月入百万元，她一路走来，从未改变的就是与众不同的长远目光，另外，她还拥有敢于向公众展示自我的胆量。也许从外形上看，很多女孩子也有一双明亮的大眼睛，但决定冯提莫成功的绝不仅仅是这些表象，而是身为主播的每一个细节。那么，冯提莫的直播间是什么样的呢？

单从设计角度看，冯提莫对直播间可谓布局精心，有一种温馨的暖色调氛围，在这种氛围之下，她轻松愉快地和粉丝们聊天，演唱粉丝们点播的歌曲，这就和直播间的风格十分吻合，是一种平易近人、没有神秘感的存在，所以越是尽兴地聊天和唱歌，越是能博得粉丝的好感。所以我们可以得出结论：冯提莫的成功和她的天赋和努力有关，也离不开后天对细节的关注。

除了房间的装修风格之外，一些细小的布置也会影响到直播间的整体效果，这要尤其注意（见图4-3）。

图4-3　主播的直播间布置

（1）床

很多主播都会选择在卧室里直播，而床恰恰是卧室的焦点，所以它的摆放就要符合一定规范，比如床的档次必须高于或者持平卧室中的其他家具，否则就会破坏平衡，让卧室失去了灵魂，粉丝在观看主播的时候会在视觉区域里产生不适。如果床的高矮无法调整，那么就在矮的床上放上一些公仔或者其他装饰品，从视觉上抬升，高的床不妨加上幔帐进行遮挡，总之要采取必要的补救措施。

（2）书架

有些主播喜欢在书房里直播，那么书架往往是出镜率最高的背景。有的主播想要展示自己的文化修养，就把书架塞得满满登登的，这样反而不够自然，给人一种存储仓库的感觉，所以不必摆得太满，但要保证每一本都能直立，而不是横七竖八地随意堆放，这会让粉丝觉得你是一个没有条理的人。另外需要注意的是，书架上的书最好进行科学的分类，这样当镜头切近之时，有心的粉丝会特意观察你是否是爱书、懂书之人，如果把历史类的和时尚类的混插在一起，这样的书架就真的成了货物架。

（3）壁纸

墙纸相对于其他装修物料来说，容易更换，所以务必要选择和自己主播风格相似的款式，比如你是走萌妹路线的，那么选择明亮可爱的墙纸是明智的，如果你走的是内容直播，那就要选择沉稳色调的，如果你每天都要直播带货，那就不要选择会产生视觉干扰的花哨墙纸，总之要从粉丝的视角去审视你的墙纸，判断它是否与你的主播定位合拍。

（4）柔光灯箱

光线是摄影的生命，同样，光线也是直播效果的重要参与者，特别是很多直播是在晚上，无法借助天光，只能利用人造灯光，但是普通的室内用灯往往光线不足，或者光效和直播氛围不搭，那么这时候借助柔光灯箱，就能起到补光的作用。因为柔光灯箱的光是柔和的，而且光线不会溢出来，所以使用它以后就不要再开台灯，避免镜头曝光，让粉丝处于舒适的视觉体验中。

直播间对粉丝来说，是除了主播之外第二眼看到的存在，甚至可能抢过主播的风头成为第一眼，那么这个印象分可能会决定粉丝是否有兴趣继续观看，所以直播间从某种意义上讲相当于"吸粉器"，万万不能将就。当然，如果受制于客观条件，无法为粉丝布置精美的直播间，用一块合适的背景板或者背景布也可以，不过这会拉低直播间的得分，作为主播就只能从其他方面把分找回来。

挖掘用户的潜在兴趣

利用网络直播来吸引粉丝、聚拢人气，最关键的是要有高质量的内容输出。那么如何提高直播的内容质量呢？最根本的一点是从观众的需求出发，无论直播内容是否是原创，都要坚持用户需求至上，你就能获得大量粉丝的关注。

用户需要什么，我们就直播什么。在直播之前先对用户需求进行分析，找到目标群体最大的需求点，并善于发现、挖掘他们的隐形需求。

谁能准确地把握市场动向，谁就能成为这个直播时代的赢家。视频直播作为这个时代的衍生物，自然逃离不了市场化的本质属性。而视频直播的市场就是广大视频直播用户。因此，挖掘用户的兴趣点和兴奋点是视频直播长足发展的关键所在。那么如何去挖掘呢？

1. 分析用户的喜好

视频直播面对的是数以亿计的网民。如此庞大的用户群体，对于直播平台的发展而言，既是机遇，也是挑战。说它是机遇是因为这些网民都是视频直播的潜在用户。一旦将这些潜在用户发展成真正的用户，市场前景可想而知。说它是挑战，是因为每个用户的个性、喜好、思想、受教育程度都存在差异，更别说是这样一个庞大的用户群体了。所以，要想分析挖掘这个群体的兴趣点、兴奋点，不是一件易事。但是如今有云计算、大数据的技术支持，分析获得这些群体的喜好需求也不是一件遥不可及的事情了。

美国在这方面就率先实践并获得了成功。美国有一部电视剧叫《纸牌屋》，它播出后风靡了全球，其原因就在于这部电视剧在制作的过程中充分利用了大数据来分析指导。"3000万观众收视的选择，300万次的主题搜索，400万条评论"，利用这些数据计算出来拍什么，如何拍，由谁演，如何做营销推广。这些数据来自所有潜在观众，因此能够体现观众喜好。所以，在这些大数据指导下拍出来的电影，一定能够得到观众的喜欢，被观众津津乐道。

参照这种思想，大家在做直播之前，如果也用大数据对潜在用户进行全

直播带货

面分析，那么你的直播将会契合用户需求，毫无疑问，你的直播的市场前景一定会可期。

随着电商平台不断增多，竞争也越来越激烈，于是价格战成为众多电商的无敌战术。对于电商来说，每一个节日就相当于一次重生，因此，它们不但不会放过任何一个节日，反而还会"创造"出各种节日。自从天猫推出了"双十一购物节"后，京东也推出了"6·18狂欢节"。而这些电商节，无一例外都是在打价格战。毫无疑问，不管这场价格战如何展开，消费者们一定是这场战争的"炮灰"。而商家借助这场声势浩大的价格大战，赚得盆满钵满。

然而，这终究不是高明的玩法。在数字化时代的今天，真正高明的玩法是利用大数据的分析指导，在商战中脱颖而出。而将这种高明的玩法运用得炉火纯青的是亚马逊。

全球电子商务的创始者——亚马逊（也是网上售书的首创者）。亚马逊自1995年开始在网上售书以来，图书行业以及相关行业的市场规则及竞争关系被迅速彻底地颠覆了。最具有说服力的例子就是，一些像Borders以及Barnes and Noble这样的百年老店，在亚马逊横空出世后的十年间纷纷面临破产或濒临破产，因为这些传统门店无法与互联网电商竞争。而亚马逊利用互联网获取了大量的用户行为信息，通过对其深度分析与挖掘，自然能够找到用户的兴趣点和兴奋点。然后有针对性地给用户推送他们感兴趣的内容。

亚马逊利用大数据找到了用户的兴趣点和兴奋点后，为用户制定贴心服务，提供个性化推荐。比如，用户在亚马逊上查看了某一款手机后，亚马逊会通过对该用户浏览的这一款手机的型号和价位等信息作分析，然后为用户推荐同等类型的手机。

这种个性化服务让用户感到满意、舒心，那么自然也就能够让用户信任该平台。作为平台方来说，最终的营利目的也就得以实现。亚马逊对数据的利用不仅值得各大电商平台学习借鉴，对直播平台的运营也有着启示作用。

因此，要想全面打开市场，就得捕获不同年龄阶层用户的喜好和需求。而要实现这一目标，就必须通过大数据分析来得到用户的特点，从而准确地把握这些用户群体的喜好。把握了用户的喜好后，直播平台运营与推广的过程中，就能够有的放矢，有针对性地推送相关内容，吸引更多的用户群体。这样一来也就获得了市场，能够取得收益。

2. 研究用户的行为

通过大数据分析得出了用户的喜好需求，接下来所要做的就应该是投其所好。那么，如何投其所好呢？当然是站在用户的角度，以用户的思维研究用户的行为。

（1）直播内容直奔用户心理

通过大数据分析可以得出结论，视频直播的用户多为"80后""90后"。也就是说，视频直播的用户群体较年轻。用户群体年轻化这一事实受到了各大平台的关注，包括电视和网络直播，并且视频直播的年轻化势头尤为强劲。所以，对于直播平台来说，抓住年轻人的心理，研究年轻人的行为和需求，这无疑是做好视频直播的关键点。

对于以用户的思维研究用户的行为这一理念，践行得比较好且取得了成效的要数来疯直播了。来疯直播在短短的两年时间内就脱颖而出，成为行业领头羊。这其中的原因就在于来疯直播的用户定位就是年轻人，并且来疯直播在这一定位的指导下，生产的内容力求契合了平台大多数用户的需求。

来疯直播的内容涵盖了好歌劲舞、综艺直播、明星访谈等。这些内容可以说正是时下年轻人关注的内容。那么，年轻人能不为其埋单吗？为了迎合年轻人的需要，来疯直播对其主播也严格把关，保证了主播队伍的年轻化，

直播带货

因为年轻主播知道年轻受众喜欢什么样的内容，需要什么形式的表演。

由此看来，来疯直播的成功不是偶然的，而是因其正确分析了用户的需求，做到了以用户的思维研究用户的行为，从而提供了用户喜闻乐见的内容。对于直播的运营者们来说，这是值得借鉴和学习的。

（2）直播形式简单有趣

现在是网络时代，视频直播的发展有其必然性。尤其是现在手机的全民普及，人手一部手机已经成为一种常态。而现在的生活节奏过快，人们的生活压力过大。因此，人们需要寻找一个宣泄情绪、释放压力的渠道。而视频直播的风靡与这一现实状况有着直接联系。

网络调查显示，许多在大城市打拼的年轻人，都有一种莫名的孤独感。他们由于在经济基础上不具优势，从而在现实社交中不被认可。所以他们会转向网络寻求心灵上的慰藉。这种情况为视频直播的发展提供了契机。作为直播的运营者，应该要把握、利用这一契机推广自己。

针对这类年轻人的思维和心理，直播平台应该在直播内容和操作功能方面下功夫。以丰富有趣的内容和简单易操作的功能特点打动这些年轻人。总之站在用户的角度，以用户的思维研究用户的行为，根据用户的需求生产直播内容，改进直播功能。平台方所做的这些努力终将会得到用户的认可，促进平台的运营与推广工作。

（3）实现双向互动

网络视频直播与文字、图片甚至视频相比较而言，它的最大优势在于其具有双向互动功能。这在视频直播中体现为主播与用户之间的实时交流与反馈。在视频直播中，用户不再是单一的受体，而是实时参与到内容的生产与创造过程中。在这种互动方式中，用户的社交感被弱化，交流感以及参与感得到加强。加之直播几乎没有准入门槛，这使得一些在现实世界感到压抑的年轻人能够在直播中得到精神放松。

游戏直播之所以能够如此火爆，就是因为在直播中，用户与玩家能够实时互动。很多玩过游戏的人都有这样的体验，当你在游戏中胜出的时候，会很想与人分享喜悦；当你在玩游戏的过程中遇到困难的时候，会希望有人指导或帮忙。而这一切在游戏直播中都得以实现。可以说游戏直播平台方就是站在用户的角度，以用户的思维研究用户的行为，从而提供用户所需求的内容。

以用户的思维研究用户的行为，这是一种挖掘用户兴趣点和兴奋点的可行之法。而用户的兴趣点和兴奋点是整个直播平台进行内容策划与创作的立足点。因此，平台的运营者们应该多站在用户的角度考虑问题，这样有利于平台的推广与运营。

如何才能持续地让用户兴奋

当越来越多的人为了头部主播的目标而角逐时，综合素质过硬的主播也不再是稀缺的人才，实力比拼往往会陷入不相上下的胶着状态，那么这时谁能够和粉丝构建最和谐的关系，谁就能有破局的机会。特别是对新人主播而言，直播间是陌生的战场，观众是陌生的人群，紧张、失态、迷茫是常有的情绪，尤其是看到别人的直播间里粉丝们热情很高，刷弹幕不停，可自己的直播间里就是冷冷清清，明显缺少热度，成了"铁打的主播流水的观众"，好像谁看了几分钟就转身离去，这种情况下还能带好货吗？

前面我们分析了，一个优秀的主播应该具备较高的情商，情商包括了对他人的情绪认知和调动能力，所以如何让用户保持足够的兴奋度就尤为重要。

比较尴尬的是，很多人擅长制造负面情绪，这似乎是人类与生俱来的"天赋"，而能够制造正面情绪的人就少之又少。不过，这并非一种天赋，而是可以通过后天学习来养成的。

直播带货

1. 直播前做好计划

不论你有多么出色的临场发挥能力，在做直播前仍然需要事先规划一下，因为你可能因为紧张或者意外因素打乱了节奏，这样就会让直播陷入冷场，而一旦冷场，粉丝的情绪就会被破坏，很可能之前你和大家互动得很好，但因为接下来的内容输出中断，会让粉丝觉得很扫兴，把好不容易积攒的热闹之气消耗掉。因此，对直播的大体思路要有一个清晰的规划，尤其是要制订 B 计划，应对意外情况发生时该怎么做，这样既能保持直播氛围不被破坏，也能提升粉丝对你的好感度。

2. 营造氛围

兴奋作为一种情绪，有时候并不需要多么硬核的东西才能调动起来，哪怕是一个细节上的设置，也能让人瞬间激动起来。比如，在直播间的时候用一些平台自带的装饰物或者滤镜效果，可以让粉丝从视觉上接收到"这个直播间很热闹"的信号。特别是在粉丝打赏之后，刷一些气泡效果、动画效果或者即兴清唱，都能让粉丝从平和的情绪转变为亢奋的情绪。

图 4-4　专业的直播间

除了屏幕上的细节布局之外，直播背景的布置也很重要，比如一些喜庆的挂饰、玩偶摆件、暖色灯光等等，这些都能通过镜头传递给粉丝，让他们感受到主播的阳光、健康和乐观，从心理上产生积极的暗示（见图 4-4）。

3. 有感染力的背景乐

我们平时在看影视剧的时候，每当剧情进入高潮，比如紧张的打斗或者感人的泪点时，都会有适当的背景音乐，它们不仅不会破坏剧情，反而能够起到调动观众情绪的作用。同理，主播在和粉丝互动的时候，也可以依靠播放一些乐曲让粉丝产生好感。通常，乐曲可以选择当下的流行歌曲，因为看直播的以年轻人居多，过于怀旧的乐曲可能更适合小众人群。如果觉得有些热门歌曲比较喧闹，容易分散粉丝的注意力，那么可以播放一些柔和的轻音乐，能够让粉丝放松身心，配合良好的互动就有效果加分的作用。

4. 学会与粉丝打招呼

如果你是一个拥有百万粉丝的主播，那么这一条可以直接跳过，而如果你是一个素人主播，那就老老实实地放下身架，对每个进入直播间的粉丝都表示友好。嘴甜的主播到什么时候都是受欢迎的，如果大多数粉丝在直播间里没有存在感，他们如何产生情绪的爆点呢？可能随意观看几分钟就离开了，而如果你对粉丝的出现表示出一定的关注，这就会满足他们渴望被尊重的诉求，这就是兴奋情绪的开始。当然，如果粉丝人数实在太多，也可以批量性地打招呼，比如"我们的直播间里又进入了一些新朋友，欢迎你们！"虽然没有指名道姓，但也能让粉丝觉得你是有礼貌的。

5. 寻找互动性强的话题

很多素人主播也知道要和粉丝聊天来增进感情，但问题在于聊什么最有效果，要知道现在大大小小的主播遍及网络，如果和你聊天没有意思，很多人会选择去别的直播间，这种初始黏度是很低的，所以最好的办法就是让粉丝在聊天时的参与感增强，要能聊得尽兴，那么最适合的话题就是能够争论和探讨的，而不是那种一问一答无法展开的话题（见图4-5）。

图 4-5 直播话题

不少素人主播经常挂在嘴边的是"你们五一放几天假""你都多大了"或者是"你们喜欢看什么电影"等，看似把焦点落在粉丝身上，但是这样的问题回答之后就无法继续了，让人索然无味，因此要多聊形象生动有延展性的话题，比如"我小时候邻居家里有一只狗，每天上学的时候它都追着我咬，后来我为了讨好它，给它买了一根火腿肠，你们猜怎么了？"这样的话题既有悬念，而且即便做出了回答仍然有讨论性，还能唤起大家对童年糗事的回忆，也能深入探讨人和动物的关系等，是一个典型的立体式的话题。因为每个粉丝都能参与进来，所以聊着聊着兴奋度就上来了，直播间里的气氛就浓厚多了。

6. 走心的沟通

有的主播并不擅长和粉丝分享故事，或者精彩的故事十分有限，那也不要紧，调动粉丝的情绪不仅可以通过参与感，还可以打感情牌，简单说就是和粉丝分享你的情绪。打个比方，你今天吃了一顿美美的大餐，就可以把用餐的过程和拍摄的照片和粉丝分享，未必一定要有故事性，但必须融入你的真情实感，让粉丝如同戴着 VR 眼镜跟着你现场体验了一回，即使没有互动性也实现了感同身受。当然，采用这种套路，对主播的声线要求比较高，要有亲和感和磁性。

7. 在直播间做的游戏

游戏最能让粉丝产生互动
感，如果你暂时没有硬性的带
货任务，时间比较充裕，那么
不妨和粉丝一起做适合线上的
小游戏，比如"猜猜看"：主
播列举几种食物，让粉丝猜猜
自己喜欢哪一种并把答案事
先写好，猜中者有奖，可以是

图 4-6　直播的参与性

小红包也可以是向主播提问一个问题或者罚唱歌一首等，再比如"来找碴
儿"：主播准备几组图片，每组两张，有几处微妙的差异，让大家一起找，
然后通过评论区告知答案，主播可以进行相应的小奖励，这一类游戏直观
简单，参与度很强。

8. 制造"意外惊喜"

如果一个主播总是按部就班地直播节目，即使内容精彩，粉丝也会感到
厌倦，所以要时不时地制造一些意外事件。看看现在的头部主播，他们会突
然把明星带进直播间，比如薇娅曾经把演员海清请到直播间里，这就给了粉
丝们莫大的惊喜，而随着海清和粉丝不断互动，这种惊喜也会一路保持下去，
让用户持久地处于兴奋状态，还怕没有销售业绩吗？

当然，在你成为头部主播之前，邀请明星是不现实的，但是你可以
制造小级别的意外，比如抱来一只可爱的猫咪或者狗狗参与直播，或者
邀请一位上镜的美女或帅哥搭档客串，这些都能给粉丝带来惊喜。

常言道，内行看门道外行看热闹，作为刚进入直播界的新人，缺少和粉
丝互动的经验也是正常的，与其自我摸索，不如去热门主播那里看看，特别

是和自己走相似路线的主播，从他们身上能够直接学习到让粉丝兴奋的技巧，这比自己尴尬地试错要快捷很多。

直播的趣味性和知识性

用户之所以选择看网络视频直播，是因为网络视频直播具有无可比拟的趣味性。用户在紧张的学习工作之余，打开直播，能够从直播有趣的内容中得到精神上的放松。这也就告诉了广大直播平台的运营者，在做直播内容策划的时候，要重点考虑内容的趣味性。

1."搞笑＋知识"模式

2016 年 4 月 21 日，被称为 2016 年"年度网红"的 papi 酱贴片广告资源招标会在北京举行。此次拍卖会以 2200 万元的成交价格圆满落下帷幕。而此次中标方是上海一家名为"丽人丽妆"的化妆品公司。这家公司获得了 2016 年 5 月 21 日 papi 酱视频结束后彩蛋时间的广告位，时长不限。

这笔不菲的拍卖费使得 papi 酱又一次引起了直播界的广泛关注。中标企业丽人丽妆方面表示，相信 papi 酱的广告不仅仅是一次品牌推广。"papi 酱的背后是有人格力量的。"丽人丽妆方面称。

"一个集美貌与才华于一身的女子"，这既是 2016 年网红 papi 酱对自己的定位，也是广大粉丝对 papi 酱的评价。这位中央戏剧学院的高才生以一段原创变音短视频迅速走红。

papi 酱快速走红的原因与她短视频内容的原创性分不开。这位奇女子的短视频内容涉及了娱乐、生活、学习、情感关系等多个方面。其实这些内容就来自我们身边，但是 papi 酱将各种情况综合起来，运用夸张的手法，又以十分接地气的方式进行表演，让人们看后产生了深深的共鸣感。对于热点事件，papi酱也会以其独特的草根气质进行叙事，满足了年轻人对娱乐性的需求，也吐露了大多数人的心声。

另外，papi酱的视频彰显了她明确的价值观，这也是papi酱不同于其他网红的一个最大特点。papi酱的所有视频都具备一个共同的特点：真实、个性、有极强的思辨性。尽管papi酱的视频内容都是源自生活小事，但经过papi酱的演绎，在带给用户娱乐性同时，往往也能引发用户的思考。可以说娱乐之余还有生活指导意义，韵味深长。

在papi酱的系列视频中，较为风靡的要数台湾腔说东北话、上海话英语等系列语言混搭版视频。另外，papi酱的视频内容往往一针见血，可谓现实的真实写照，直戳一些宅男宅女的内心深处。而这些字字珠玑、深入人心的视频因此也得到了广泛传播，让papi酱收获了更多的粉丝。

例如，papi酱有一则视频是讲过年回家遇到各路前来询问个人问题的亲戚该如何应对的。papi酱在这个视频中既对亲戚讨厌的行为进行了吐槽，又为广大用户提供了应对亲戚的独门秘诀。这些神一般的金句让网友拍手称好，在此特意摘录几句供大家鉴赏。

"每年看到你们家这几个熊孩子，我就不想生孩子了。"

"哎，您说美国怎么还不控枪呢，关我什么事？那我不结婚，关你什么事啊。"

papi酱之所以能够做出如此有特点的视频，是因为她在视频录制之前做了大量的准备工作。比如关于这则应对亲戚的视频，她在录制视频之前肯定对有关吐槽亲戚的评论进行了收集整理，然后凭借自己的专业技术进行加工，才有了视频中能够引得大家共鸣的金句。有人评论她的视频："每次都说出了我们的心声。"的确，papi酱就犹如一位深谙广大网友心理的心理医生，将广大网友的心声用一种幽默的方式吐露出来。

papi酱的视频饱含趣味性，又不失真实性。可以说这些视频将搞笑与真理融合在了一起，因此网友在观看其视频的同时还能从中学到许多实用性技巧。这既是 papi 酱的成功之处，也是广大直播运营者该学习的地方。

2. 提高视频直播的趣味性

网络视频直播的活力就体现在趣味性上。所以，尽管应该在视频直播中加入专业技能、科普知识等内容，但加入的这些知识绝不是生硬刻板的说教，而是应与视频直播融为一体，以趣味的方式呈现给广大用户。提高直播趣味性可以通过以下三个方法。

（1）语言幽默化

幽默利用得当，会使整个视频直播过程轻松愉悦，哪怕直播过程中讲的是专业技能或者科普知识。并且这种轻松愉悦的氛围是用户所需求的，因此能够得到用户的认可。另外，由于用户群体的广泛性，各用户的性格和知识水平存在差异，在直播的过程中难免会遇到一些莫名其妙的用户，这个时候如果运用幽默的语言就能巧妙地化解尴尬。

（2）内容丰富化

要满足如此庞大的用户群体的需要，视频直播的关键还在于内容必须要丰富，尽量能够涵盖文化、娱乐、体育、旅游、音乐、健身、综艺节目、情景剧等多个领域。

（3）形式多样化

大家所熟知的视频直播类型主要有秀场直播、电子竞技（游戏）直播、移动直播、体育直播、活动直播、摄像头直播。

目前，国内各大直播平台在这一点上做得都很到位。如战旗 TV，虽是以游戏直播为主体，但其内容也涵盖了综艺、娱乐、体育等多个类目。类似的还有斗鱼 TV、虎牙直播等。

斗鱼联合创始人兼联席 CEO 张文明表示："互联网讲究快者为王，竞争实际上是快鱼吃慢鱼。"要想在这个充满竞争的社会中生存，无疑需要满足用户的需求，投入大量精力，开发多种形式的直播模式，以吸引更多的用户。

正如张文明所说的："斗鱼是一种真实存在的鱼类，生性凶猛。我们想借这个寓意来代表我们在互联网行业拼杀的一种态度，我们最终的目的是希望用户能来到我们这个平台，找到他的快乐，找到他感兴趣的东西。"

第五章

内容——用好的创意吸引粉丝

内容是抵达用户内心最短的路

成为头部主播是很多人的梦想，有的人也做好了在粉丝前献才献艺的准备，可是真正面对摄像头的时候，直播内容就成了困惑主播的关键，毕竟不能总对着粉丝又唱又跳，一来时间长了会产生审美疲劳，二来过于同质化。为此，有的主播会去别人的直播间里"偷艺"，想要获得一些启发，结果发现适合别人的未必适合自己。

1. 要想确定直播的内容，首先要考虑两个问题

（1）你选择了哪个平台

电商直播、游戏直播、秀场直播、企业直播……不同的平台对应的是不同的用户，他们的偏好是不同的，认知方式也存在差异。因此，根据自己所在平台的大数据统计锁定占比最大的用户群，针对他们去输出内容，成为头

部主播的可能性就提高了。

（2）你擅长做哪种类型的直播

你所擅长的就是你的差异化优势，这个优势不仅包括你的性格特点、一技之长，也和你所拥有的资源相关，比如你做教育直播，认识很多优秀的老师，那就可以把他们找来临时串场，增加直播间的活跃度，这些决定了你能在哪一类内容上容易崭露头角。

不过，以上两个问题对大多数新人来说，未必能起到答疑解惑的作用。比如第二个问题，很多新人主播拥有的资源并不多，也没有丰富专业的知识或者才艺，根本不知道做什么内容最好，所以还有一个答案可供参考，那就是你的兴趣。

"兴趣是最好的老师"，这是一句被讲烂了的大俗话，但是用在直播领域却很有意义，因为你要想长期做下去必然需要持续地输出，如果没有兴趣的支撑很难持续下去。不过，即使你有了兴趣作为引导之后，也不要急着踌躇满志地上阵，因为你还要给自己留一手，那就是不要只选择一个兴趣点，因为第一次做直播总要经历试错阶段，在一定时间内你需要了解投放平台的播放量、点赞量以及粉丝量等数据，从而确认是否要锁定在某个特定的直播类型，毕竟受众的审美情趣也会随着时间的推移发生变化。

2.哪些题材适合做直播

（1）观赏性强的

比如舞蹈类和武术类的都可以，既能够锻炼身心还有娱乐价值，能够培养受众爱好运动的兴趣以及审美能力，现实意义强。当然，武术类的相对要粗犷一点，可能更多针对的是男性受众，也比较适合男主播，那么在场地选择、服装搭配、背景音乐上自然要和瑜伽这些比较安静的有区别，也要注意解说词的搭配。

美玉是一位来自土耳其的女孩，她热爱中国文化尤其是中华武术。为了

直播带货

推动武术尽快纳入奥运会比赛项目以及土中经贸合作，美玉利用业余时间开通了网络直播，一边给中国网友讲述土耳其文化一边给土耳其人在线直播中华武术，吸引了不少人观看 (如图 5-1)。

图 5-1　正在直播的美女主播

（2）技术含量高的

比如教人们折纸或者给手办上色、家电维修的直播，这一类直播需要连续展示过程的也是好题材，环环相扣，必须有连续的过程和解说才能让人理解，这种比图文解说要更直白，也能展示内容创作者自身的才艺。

京东直播上有一个极客修旗舰店，主要维修数码产品，这家店的特色就是直播维修产品的全过程，结果引来了大量的订单。一是因为大家都担心手机电脑这种储存了私密信息的数码产品会泄密，二是很多人也好奇这么复杂的高科技产品是怎么维修好的，所以他们的受众不仅是客户，也有很多对数码产品感兴趣的人群，吸纳了不少粉丝。

（3）生活常识类的

比如教人们穿衣打扮的，主播也许未必具有什么专业资格认证，不过是比粉丝们在某个领域多关注一点，这种学习起来也要比维修、烹饪这些要容易得多，特别是对闲暇时间比较充裕的家庭主妇来说很有吸引力，因为她们喜欢学习一些生活小窍门又不想太耗费脑筋。

阿串是一个自由职业者，平时也喜欢玩直播，由于外形帅气、谈吐幽默很受粉丝欢迎，曾经有一次粉丝夸赞阿串很会穿衣搭配，阿串忽然想到很多人虽然热衷于买衣服，但是并不懂得穿衣搭配，于是就一边卖男装一边直播穿搭技巧，很快就吸引了不少网友关注。

（4）美食烹饪类的

在如今这个吃货遍地的时代，很多人不仅爱吃，也在琢磨着怎么吃，怎么吃得高雅，而一道好菜制作起来必然有很多步骤，所以用直播展示出来可以看到细节。不过需要注意的是，不要选择复杂的菜肴，而且要在直播的过程中添加一些序号类的提示语，让受众快速掌握。

2020年春节期间，由于受到新冠肺炎疫情的影响，餐饮业无法正常营业，很多平时不会做饭的人被逼下厨房，可是又不懂得操作技巧。浙江美大节能电器公司抓住了这个机会，让他们的营销部部长梁哥出镜，在京东、淘宝、苏宁等购物平台开设了做饭直播间，仅用一个多月的时间做铺垫，就在"3·15"当天的促销活动中突破26万的播放量，也让原本就精通厨艺的梁哥收获了不少粉丝（见图5-2）。

也许有的新人主播这些分类之后会觉得很麻烦，想着别去做选择题了，直接抄答案算了，哪一类的直播最火就做什么！虽然听起来是这么个道理，其实并不是这么回事。

某一类直播能不能火爆，并不绝对取决于它是否从众。为什么这么说？直白地告诉你，既然你是一

图5-2　美食制做主播

直播带货

个新人，手中的资源必然有限，你在某个直播平台上看到搞笑段子火爆了就想跟风，可你忘了比你资源更强大的团队也能看到，他们具备资金优势和技术优势，你还能模仿得过对方吗？所以，不是从众的思路不对，是从众的模式存在风险。

竞争之道，永远是扬长避短而不是取长补短。

看看各大直播平台，有些主播伶牙俐齿，可是并没有直接去拍搞笑段子，因为好段子的产出是非常困难的，所以他们选择了从介绍自己的家乡入手，当起了介绍风土人情的主播，没有带团的压力，直接面对看不见的受众，把他们脑子里积攒的历史故事、家乡趣事全部掏出来，介绍村口百岁老翁的长寿秘籍，讲述村头儿大坑的盗墓故事，既发挥了口才又避开了热门爆款的压力，独辟蹊径闯出一条路，这就是不盲目跟风的好处。

直播是去中心化，别人能做的你也能做，但你未必真的要去做，而是可以选择另一个领域和他们竞争，一个人总有一点擅长的东西，你没发现并不代表着你没有，只是缺少发现的眼睛，哪怕是你想出了一个无聊的掰手指头的游戏，包装好了也一样能产生流量。

挖掘用户的关注点、兴趣点

用户对什么感兴趣，这是营销界一直思考的问题。对于主播来说更是如此，因为销售手里好歹还有产品，只是缺乏把产品和用户连接在一起的点，而主播完全是依靠个人魅力和内容，如果不能抓住用户的兴趣点和关注点，别说销售产品，就是让观众在直播间坚持半个小时都难。

最近几年有一个网络流行语叫"奇怪的知识增加了"。当然这句话有人考证最早出现于 20 世纪 90 年代的日式角色扮演游戏里，这并不重要，重要的是网友们使用这句话时往往都被激发起了兴趣，处于情绪亢奋状态。

用户的兴趣点和需求点是不同的，作为主播千万不能把这两个概念混淆了。怎么区分呢？兴趣点是单纯对某件事物产生的关注欲望和兴趣，而需求点是基于现实需求产生的一种行为激励。打个比方，夏天来了，你想买一件短袖衬衫，这是需求点，于是激励你去逛街，可逛着逛着，你忽然看到路边有一个弹吉他的街头艺人，不仅声音动听歌词还都是原创的，有李宗盛的味道，你站在旁边听了半小时，这就是兴趣点。

总的来说，需求点是比较明确的，用户自己能描述出来，但是兴趣点是比较笼统的，在好玩有趣的事物出现之前，人们很难直接列出来，所以才会有"奇怪的知识增加了"这种遭遇式、偶发性的情绪亢奋。那么，我们进一步挖掘可以得知，很多兴趣点和关注点都是围绕着知识和信息展开的。

在抖音上有个昵称叫"玩骨头的卢老师"的短视频主播，本名叫卢静，"80后"，因为在荧幕上目睹了可可西里藏羚羊惨遭屠杀的画面，所以决心要保护动物，最后如愿以偿地学习了生物学专业。学有所成之后，卢静一直想要传播她的专业知识，让更多的人了解到生命的壮阔和万物的演化，于是大量地发表科普文章、开展知识讲座等，然而效果很不理想，大家一听到骨头的构造时都觉得太难懂，根本没有深入了解的欲望。

后来，卢静遇到了一位出版社的朋友，对方经常在抖音上做视频，就给卢静提出建议，用轻松诙谐的方式讲述生物学知识，卢静受到了启发，就把吃过的鱼头、黄焖鸡、北京烤鸭的骨头，拼成整副骨架，给大家呈现出参观古生物遗骸的既视感，十分有趣。

卢静的事例充分说明了需求点和兴趣点的区别，对绝大多数人来说，获取古生物知识绝对不是现实需求，但是拼凑骨架，呈现出立体的"远古生物"，这的确是一件既好玩儿还能收获知识的事情，而"好玩儿"就是兴趣点的最好定义。

直播带货

虽然卢静主做的是短视频节目，但是从内容输出的角度看，应用在直播上也不是不可以，因为你并不需要具备像她那样硬核的专业知识，就像有网友把肯德基的鸡骨头拼成了《王者荣耀》游戏中的李白，也引起了不少人的关注兴趣，这就是给主播的启发（见图5-3）。

图5-3 骨艺作品

做直播，内容的持续性非常重要，如果只做一期有趣的节目却后续乏力，那么这一期的热度再高也只能是昙花一现，无法形成强大的用户黏性。所以，主播做内容输出的时候，如果能够抓住用户的兴趣点做文章，那才有做大做强的可能。

人的需求在满足之后，会有一个短暂的不适应期，比如你刚吃完了一顿大餐，这时候美食类的节目就没什么兴趣了，反而会看得有些腻歪。但是兴趣不同，你看了一个搞笑段子还想再看，它可以持续做下去。既然如此，主播就应该寻找可以不断提高用户关注的有趣内容，同时适当加入一点神秘感，这样就会持久地形成吸引力，随着用户和主播的黏度强化，他们也会向身边的人种草，扩大粉丝群体。

从这个角度看，以"奇怪的信息和知识"作为内容输出的重点，就更容易产生持续性。像卢老师那样，今天用鲤鱼的骨头做拼图，明天我可以拿鲫鱼的骨头做拼图，后天还可以拿黄花鱼的骨头……除了鱼其他脊椎动物都可以，食材是取之不尽用之不竭的，只要不重样，配合生动的解说，粉丝绝对不会看腻。相反，如果你把兴趣锁定在逸闻趣事上就比较难了。

江西卫视曾经有一档节目叫作《经典传奇》，讲的都是一些离奇古怪的事情，前几年收视率很高，因为大家喜欢看这种烧脑的节目，可是最近几年大家发现节目不好看了，重复的节目越来越多，常常是"炒冷饭"，其实这也不是节目组不用心，是离奇古怪的事情总归有限，时间长了难免素材枯竭。作为主播，一定要注意选对内容，要保证有可持续性。

需要注意的是，直播和短视频不同，短视频更侧重内容的精致化，所以对知识和信息的要求比较高，制作一期节目的时间成本也很高，粉丝的垂直性更强，但是做直播则不同，在一个开放的环境中总会遇到各种意外，不可能完全按照预先设想的计划来，所以多在直播中融入一些"小、精、奇"的元素，不要追求系统化和结构化，这样的直播才更灵活，也显得十分接地气。

说到这里，可能有的主播会产生疑问：我抓住用户的兴趣没问题，可兴趣和直播带货有关系吗？难道我只能依靠粉丝的打赏来变现吗？

这个问题的答案是：兴趣是可以转化为需求的。

想想看，我们的需求都是怎么来的？除了衣、食、住、行这些基本需求之外，更多的是我们通过感官刺激大脑获得的：我看到了漂亮的衣服，即使家里还有一柜子但我还是要买；我听到了好听的新歌，它不能当饭吃我也要付费下载；我摸到了这个皮沙发，手感棒棒的，下个月发了工资就把旧沙发换了……这些需求并非刚需，但是人们的感官影响了情绪和欲望，形成了新的动机和决策。

主播在抓住用户的兴趣点之后，就可以根据兴趣去激发需求。比如，粉

直播带货

丝喜欢听主播分享的酒桌文化，就可以从酒桌文化延伸到酒类的广告。再比如，主播开了"试衣间糗事"的故事直播，讲着讲着就能引到服饰上……其实任何兴趣都是有载体的，这个载体总能和粉丝的某种现实需求关联起来，关键在于你是否及时发现了它。

现在很多营销号通过贩卖焦虑来制造需求，其实就是把情绪转化为需求。同样，兴趣（好奇心）作为人类自带的心理特征，转变起来会更容易，只要你和粉丝多沟通，多从侧面了解他们的喜怒哀乐，你就会找到共同的切入点，通过它直达用户内心。

从专业和用户需求入手

虽然 2019 年被认为是"直播带货的元年"，但是直播行业本身已经发展了十几年，大部分的用户已经趋于理性，想要用形式去吸引他们并非易事，最有效的办法还是深耕用户。简单说，哪个直播平台能够准确满足用户的需求，哪个主播能够根据自身的专业为用户提供内容，谁才能在竞争激烈的下半场立于不败之地。

和直播高速爆发的时期相比，现在虽然增速有所放缓，但毕竟还是有新涌入的用户，如果趁着这个并不强大的上升趋势，仍然可以靠吃流量增长的红利扩大粉丝群体，所谓流量增长的红利，就是每进来一批直播用户就"收割"一批。

图 5-4　人人都是主播

打个比方，你开了个电影院，现在正好赶上大家愿意享受大屏幕视觉的时代，来买票的观众很多。可过了一段时间，该来的观众都来了，你无法指望靠多卖票赚钱，那只能在影院里增加食品饮料、专人包厢以及其他各种服务让已经进来的人再花一笔钱。

既然现在还处于市场的新增期，那么如何让更多的用户进入你的直播间就是关键。或者换一种表达方式，不是你能决定用户想要什么，而是要你跟随用户的需求变化想方设法满足他们，人家才能被你吸引过来。因为高爆发期已经成为过去，用户不会一窝蜂看到一个直播间就闯进来，所以做直播要回归用户的诉求，戳中他们的G点，如此就找到了行业的突破口。

那么，怎么才能最准确地戳中用户的需求呢？

1. 对用户的需求进行分类

把用户吸引到你身边是一门学问了。那我们就站在用户的角度想一想，他们打开直播后到底想看什么呢？

（1）消磨时间

如果是游戏直播或者秀场直播，他们的用户更多是偏向于消磨时间，没有谁会抱着考"双一流"大学的念头来斗鱼、虎牙学习，因此那种娱乐性强、互动性强的直播节目就容易吸引到更多的用户。对于主播而言，掌握一门和娱乐有关的技能就非常必要，唱歌跳舞是技能，电竞游戏是技能，它们都和娱乐有关，看看斗鱼、虎牙的那些美女主播们，没有几个人是单靠颜值就收获大批粉丝的，必须要给用户创造娱乐性的内容，让他们不觉得无聊。

（2）获取信息

如果说打发时间是一个有些空泛的概念，那么捕捉信息就更具体一点，它有一个很俗的名字就是"八卦"。"八一八"娱乐新闻，"八一八"体坛快讯，"八一八"数码科技，这些在过去主要通过文字类的新闻去呈现，现在直

直播带货

播普及以后，自然有更多人喜欢看"能动的信息"，这也是像"今日头条"这样的平台能做成大流量池的关键。所以，主播要对新闻热点有一定的敏感性，可以瞄着 papi 酱的方向制作有讨论性和娱乐性的内容，当然在这一点上直播不如短视频的闭环结构那么完美，可如果你有清楚的条理和出色的表达能力，在不依靠构图、特效的前提下也能吸引粉丝的注意力。

图 5-5　直播的优势

（3）寻找导购

现在年轻人也好，中老年人也罢，喜欢网络购物的越来越多，但是网络购物不像实体店那样有导购，所以这也是催生电商带货的一个客观原因，有时候大家的初始目的并不是"花钱"，而是为了"了解产品"，只是看着看着就被种草了，成了订单量的贡献者。在这一点上，李佳琦做得很成功，因为他从来没把自己当成主播，而是定位成销售，这和他的专业——艺术与设计有关，加上美妆产品的用户面对琳琅满目的产品不知道该如何选择，他的消费指导就变成了直播带货（见图 5-6）。

图 5-6　好主播就是好导购

当然，一个人的需求并非单一的，可能是复合的，比如想了解某方面资讯的同时还想消磨时光，所以现在很多平台都是交叉存在的，比如"今日头条"既能满足用户对新闻的了解需求，也有不少娱乐段子，而虎牙和斗鱼在做游戏直播的时候也会带货，就是为了让用户群体不断重叠，把市场做大。

2.锁定用户的具体需求

在了解用户的需求之后，我们就得及时抓住这种需求，把针对他们口味的视频推送过去，不过这就涉及一个问题：怎样推送才是精准的呢？

（1）依靠数据分析

很多时候，数据才是最靠谱的，而我们的经验、阅历和推测难免会存在一些主观性，偏离一点还容易拉回来，如果偏离太远可能会让我们多走弯路。所以，我们可以通过一些平台的数据分析软件去分析，借助它们我们才能从更高的层面去了解市场，千万不要直播了几次就问身边的人好不好，这样得出的结论不能刻画你的目标受众，同理把信息局限在一个直播平台上，也不利于了解全行业的动态。比较常见的直播数据分析平台有神策或者极光大数据这种面向整个互联网的数据资讯平台。

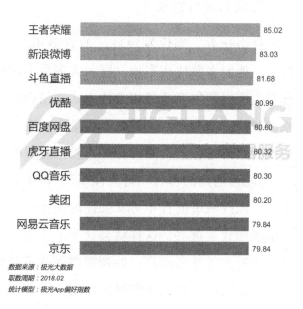

数据来源：极光大数据
取数周期：2018.02
统计模型：极光App偏好指数

图 5-7　直播 App 用户偏好指数 TOP10

（2）依靠自行调查

这个是要建立在你有了一定的粉丝数量之后，通过发放一些调查问卷或者随机访谈的形式，去了解关注你的粉丝还有哪些需求，是否在看了你的直播之后有"意犹未尽"的感觉等，当然这种调查方法要耗费时间和精力，不过其针对性较强，价值也更高，对你选择的直播方向有推动作用。

（3）假想成目标用户

这种方法就是俗称的"换位思考"，不过在进入大数据时代以后，这种方法还是土了一些，而且依然受到主观因素的制约，那就是有的人能够和用户共情并换位，有的只是蜻蜓点水却自以为了解了用户，所以这只能作为一种辅助性的手段，它最大的价值倒不是给你提供内容创作的方向，而是让你尽量跳出创作者的视角重新审视你的内容，也许它不会让你和用户更近多少，但总能让你和错误拉开一定距离。具体的操作方法就是，给自己的用户设定一种现实身份，比如上班族、大学生等，然后再添加年龄、爱好以及性格等个人标签，这时候再去观看自己的直播录像，看完之后进行客观的思考，再重新回到内容创作者的角度进行分析，这样就距离用户的需求更近一步了。

3. 及时进行修正

打个比方，当你发现自己的直播用户都是些中小城市的私企打工者以后，他们多数住在本地，周六大多数不休息，社交圈子狭窄，由于父母在身边所以偶尔会通过相亲的方式去结识异性，那么这就能给你提供两条修改建议：第一，把直播时间尽量改在晚上而非周六白天，方便用户有时间观看；第二，把直播内容加入粉丝爱看的素材，比如"我的奇葩相亲对象"，吐槽遇到的各种"奇人怪事"，再比如在设计直播话题的时候，多想想三、四线城市的青年男女关注的是什么，不要把一线城市特有的压力和生活氛围代入进去，这样就会产生陌生感。总之，当你逐步看到用户的清晰轮廓时，就越要给自己的视频清晰的定位和方向，要及时修正错误。当然，这里所说的修正不能跳出你之前的定位，比如从做美食主播变身为游戏主播，这是推翻不是修正，你顶多可以从室内美食跳到野生美食，这样你的垂直目标不会偏离。

如果说我们错过的直播爆发期，这时候谁能根据自己的专业去解决用户的需求，那么这一部分宝贵的流量红利就会被谁收入囊中。

好的段子是活跃气氛的关键

当直播用户对能歌善舞的主播越来越审美疲劳时，那些能够"口吐莲花"的主播就成了被热捧的对象。其实从本质上，主播最需要的技能依然是口才，单纯的晒颜值秀身材很容易让人看腻，而且也太过同质化。

看看如今的各大社交平台，无论是微博、贴吧还是知乎、虎扑，出镜率最高的还是各种段子，有的是文字形式的，也有的是短视频形式的，归根结底都能用口述的形式去呈现，而好玩的段子就成了不少网友休闲之余的主要"猎物"。

在娱乐至上的互联网世界里，段子简直就是包治百病的良药，一副就能见效，而那些会讲段子的人，他们就像行走江湖的草头郎中，看起来不够高大上，可是一出手（口）就能药到病除，服务于平常百姓，所以深受人们欢迎。

也许有人会说，既然大家那么喜欢段子，就直接去今日头条、抖音这些地方就好了，何必非得到直播平台找段子呢？其实，段子这种东西就像小零食，见缝插针来几口是最美味的，如果当成正餐吃就没意思了。所以，大家希望的是在直播节目中偶尔来上一段，这样就能起到调剂生活的作用，而且，直播圈子里能讲好段子的主播并不多，谁具备了这项技能，谁自然就有了硬核的竞争力。

有的主播也并非没有幽默细胞，就是觉得明明可以靠弹古筝吸引粉丝，何必要讲段子呢？这不会显得比较 low 吗？如果这样想，我们不妨去看看央

直播带货

视主播朱广权。

朱广权对很多网友来说并不陌生，那么他是依靠什么让人记住的呢？帅气的外形吗？当然不是，是因为当初他在新闻中那一段经典台词："地球不爆炸，广权不放假；地球不爆炸，我们不放假；宇宙不重启，我们不休息；风里雨里节日里，我们都在这等着你，你看就是旺季，你换台就是淡季。"就是这个精妙绝伦的段子，让我们记住了这个幽默的新闻主播，以至于大家更喜欢给朱广权贴上"段子手"的标签而非"央视主播"这个听起来更高大上的标签。

既然连央视主播都能与民同乐讲段子，主播为什么不行呢？当然，既然要讲段子，就不能讲低俗的段子，这样还不如回去唱歌跳舞，看看朱广权的段子，都是有一定文化底蕴的，比如"烟笼寒水月笼沙，不只东湖和樱花，门前风景雨来佳，还有莲藕鱼糕玉露茶……买它买它就买它，热干面和小龙虾"，再比如能结合热点的"四个字的不光是成语，还是易烊千玺"，总之这些段子不仅能逗人发笑，还能引人思考。如果主播能多说一些有档次的段子，会直接提升你在粉丝心中的形象。

做直播，内容确实重要，但不是只做好内容就万事大吉了，主播还需要在直播间里创造活跃的气氛，这才能让内容焕发出光彩。如果直播间里死气沉沉，主播唱歌唱得再动听也会场面尴尬。所以，活跃氛围的最好方法就是讲段子。

讲段子对主播来说到底容不容易呢？如果是讲流行的段子当然不难，可这样的段子说多了很容易引起粉丝反感，因为你不知道粉丝可能听了多少遍了，说得越多反而会显得你越落后。所以，直播圈里缺少的不是会讲段子的主播，而是会创造段子的主播。

那么，怎么才能提高原创段子的技能呢？可能有人觉得自己缺少幽默细胞，其实未必如此。主播所说的段子，只要带点喜感，有点俏皮的味道就可以了，并不非要达到朱广权那个层次。因为主播的段子不是用来出书的，也不是用来卖钱的，只是用来活跃直播间的气氛，赚点人气就足够了。

最常见的原创段子有两种套路。

第一种套路：学会自黑。

喜剧表演的本质是什么呢？有人认为是悲剧，也有人认为是对现实的消解，其实这些说法都不矛盾，如果不好理解，我们就直白认为喜剧要从自黑开始，而不是急着去嘲讽别人，如果你不明白就去看看卓别林和憨豆先生。所以，主播想要让粉丝开心一笑又不用低俗的段子，那不如把笑点集中在自己身上。

张大仙是虎牙王者荣耀直播版块的当红主播，人气居高不下，平心而论，他的游戏技术并不算最好的，但是他的幽默风趣成了吸粉利器，尤其是他敢于自黑并能黑出浓厚的幽默味道。因为常年宅在家中打游戏，曾经也算是小鲜肉的张大仙发福了，对此他毫不避讳，自称是"张坦克"，让粉丝们忍俊不禁。

图 5-8　人气主播张大仙

直播带货

2020 年 1 月 5 日晚上，张大仙应邀出席了王者荣耀团聚夜颁奖晚会，他在领奖之后说的感言更是把自黑推向了新高度："你们（粉丝们）是真的不容易，投票系统上的头像和真人还是有点差异，但是你们能够精准无误地找到我，我是非常感动呀。"言外之意是粉丝们也都知道他胖成了"坦克"，这种内涵的自我吐槽更是为他增添了光环。

第二种套路：打破思维定式。

应该说这是原创段子的最常用的手段，意思是违背人们的习惯认知，突然来一个 180 度大转弯，让人意想不到。比如你在段子的开头说"每一个成功的男人背后……"很多人都会想到下半句"都有一个默默付出的女人"，可你接下来却说"都有一个吃饱了没事做的女人"。这就叫打破思维定式，所以制造这种反转效果并不难。

讲段子虽然能够活跃气氛，但是不要为了讲段子而讲段子，对于主播来说，内容仍然是核心，而段子是为了营造气氛而设置的，不能滥用，让段子抢了内容的风头，这样气氛是上去了，可是直播的节奏也被打乱了，得不偿失。

热心公益才是最好的口碑

对于主播而言，内容决定了你吸收粉丝的情况，而口碑决定了你的路人缘，也影响着你在直播界乃至全社会的形象。

也许有的人并不看重口碑，觉得口碑不能当饭吃，可是想要在技能上、风格上超过同行，并不是一件容易的事情，你必须还要有额外的加分项，而做公益就是最直接的选择。

做公益有什么好处？它能够强化粉丝对你的信任感，而信任恰恰是主播可持续发展事业的关键。一个正能量满满的主播，或许不会多么出彩，但至少不会犯错，不会招人反感，这就给了你日后奋起一搏的机会，而如果一个主播口碑崩塌了，在"好事不出门坏事传千里"的定律下会被万人唾弃。

YY直播平台曾经有一位人气主播叫小洲，颜值不高，但是很有才华，人气一直突飞猛进，还给自己设定了成为华语乐坛新星的目标，可就在他事业顺风顺水的时候，却因为不当言论而被平台暂时封禁，虽然后来小洲又复出了，在直播圈子里仍然有一定的知名度，但是之前积攒的人气基本上被消耗殆尽了，更重要的是，路人好感跌破历史最低，这对于一个主播而言后果是不堪设想的。

如果说主播可以靠着自身的人格魅力俘获粉丝，同样也能因为不良口碑败光之前的好感。主播的综合素质决定了能做多大，而主播的口碑决定了能走多远。

综观娱乐圈里因为爱豆而展开的口水大战，其实打到最后起决定作用的不是真爱粉也不是黑粉，而是路人，因为路人永远是基数最庞大的，路人缘好，你就能借着一个正面事件迅速走红，而如果路人缘差，一件看似微不足道的小事也能让你凉透。从这个角度看，主播经营口碑其实就是在赢得路人的好感。因为路人在看主播的节目之前，最先接触到的可能是是否有负面信息，哪怕是有争议性的社会评价，也会直接降低好感度，再难有翻盘的机会。相比之下，粉丝的宽容度肯定更高，这就是打造好口碑的重要性。

在花椒直播上，可以看到一位号称"最美主播"的网红，名叫张若兰，不过她和一般的美女主播不同，身上有着一连串的标签：淘宝店主、平面模特儿、公益志愿者，此外，她还是一位"聋人天使"。原来，张若兰从小体弱多病，有一次在治疗时被注射了违禁药导致了听力障碍，然而她并没有被厄运击垮，反而成了一个创业的梦想家，专注于互联网平台设计工作。后来，直播网站兴起，张若兰先后在映客和花椒平台做起了主播，尽管她的听力障碍让她和粉丝互动时存在一些困难，可她仍然借用字牌等工具和粉丝保持沟

直播带货

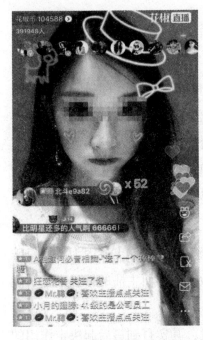

图 5-9 "最美主播"张若兰

通，成为最受欢迎的主播之一（见图 5-9）。

张若兰吸引人的不仅是她的坚强和乐观，更因为她热心公益。在张若兰小有名气之后，把一部分收入用于捐助聋哑学校，还和映客签订了慈善协议，成为映客的公益主播。2016 年 6 月 21 日，映客兑现了和张若兰的约定，前后向芒果 V 基金捐献超过 60 万元人民币。就在同一年，张若兰还和北京感恩公益基金会合作，发起了"国家游泳队助力一校一梦想"的公益活动，将全部善款用于帮助乡村学校提升教学质量以及关注农村留守儿童方面。

随着多年公益行动的积累，让张若兰收获了"最美主播"的口碑，而这个口碑也反哺了她，让她在投身区块链和人工智能行业之后，得到了不少人的支持，毕竟互联网的创业之旅是风险参半的，有广大粉丝的支持，张若兰也坚定了继续追逐梦想的信念。

对于事业刚起步的主播来说，参与公益事业能够获得更平稳的事业上升期，扩大在直播圈里圈外的知名度，或许有一定的策略性因素在里面，但是真正走了这条路的主播都是在行为上起到了激励作用，于情于理都不容置疑。当然，做公益并不只是为了要名气，很多头部主播在名利双收之后仍然不忘做公

图 5-10 张若兰参加活动

134

益，这已经成了一种积极的人生选择。

薇娅从 2016 年开始到现在，至少已经参与过十几场公益活动，这不仅有她个人的决定，也在一定程度上反映了平台的意愿。2019 年 1 月 10 日，薇娅在河北为农产品直播带货时，马云亲口对她说了一句话："好好替农民卖货。"这更坚定了薇娅做公益事业的决心。当然，有的人会觉得她做公益是在作秀，可薇娅并不在意，因为做公益原本就是让自己问心无愧，并非非要博得他人的肯定，更何况作为头部主播也不缺这么一点肯定，只是想用自身的影响力为扶贫事业作一些贡献。

为了让做公益不流于表面，薇娅严格挑选农产品，确保真的是来自原产地而且品质优良，这样才能既为农民分忧又不会欺骗消费者。据不完全统计，薇娅在直播间一共帮助贫困县销售 1100 万元金额的产品，相当于帮助 25 个贫困县脱了贫。2019 年，薇娅和中国青少年发展基金会进行合作，宣布在安徽省大别山的特困地区捐赠一所希望小学，这一善举再次让粉丝坚定了"我没有粉错人"的信念，这对于任何段位的主播而言，都是一笔巨大的无形财富（见图 5-11）。

热心公益，往大了说就是把直播当成传递正能量的输出口，也在客观上让主播注意自己的一言一行，以正向、阳光的人设来激励自己，所以经营好自己的口碑和设计好直播的内容同等重要，因为口碑能够对主播的人气起到正面的推动作用，与其把有限的资金投入在效果不明显的推广宣传上，不如专注于公益事业，既陶冶了自己，又造福了社会，还给自己点亮了光环，为什么不去尝试一下呢？

图 5-11　薇娅公益活动

直播过程要结合产品主题

在电视广告时代，很多热门的电视剧会在一集之后插播很多条广告，比如当年火爆的《还珠格格2》，因为插入了太多广告被大家吐槽"广告中插播电视剧"。这个案例反映出一种现象：内容和广告究竟要以什么比例存在呢？

这可不是一个营销学的问题，它和每一个想要进入直播界的主播都有密切联系。当直播带货成为各大直播平台的统一方向时，很自然地衍生出一个新问题：是在直播中带货还是在带货中直播？

也许有人会说，李佳琦和薇娅的带货直播，貌似也没有别的什么内容，还不都是以产品为中心吗？别忘了他们是头部网红，而且占据的本身就是电商平台，直播带货是合情合理的。如果是一个新入行的游戏主播呢？本来就没有任何名气，好容易进来几个观众，看到你举着口红在兜售，还不扭头就走

图 5-12　直播选景

吗？所以，我们探讨这个话题的前提，就是你是一个粉丝黏度并不高的素人主播，直接带货是不现实的。

既然不能在广告里插入直播，那我们就只能走另外一条路：在直播中插入广告。当然这不是让你唱着跳着突然来一段广告，这在电视广告时代可以，因为你换台就没这个节目了，直播间观众是可以说走就走的。所以，我们要学会把广告"融入"直播内容，而不是"插入"。

怎样才能把广告融入进去呢？那就是以产品作为直播的主题，让用户和产品建立关系链。为什么叫关系链呢？因为主播不能把产品和用户直接联系在一起，而是要通过内容作为媒介，让用户进入你的直播间以后看了几眼觉

得很有趣，然后一边接收内容一边潜移默化地接收有关产品的信息。

那么，怎么才能把产品、内容和用户三者结合在一起呢？主要有以下三种方法。

1. 从衍生文化结合产品

大部分的产品，都能关联到一种文化，比如茶叶可以关联茶文化，酒可以关联酒文化，服装可以关联到服饰和礼仪文化，这些衍生文化就是可以作为直播内容的，而且素材十分丰富。以酒文化为例，可以细化为行酒令、敬酒规矩、宿醉经历、和酒相关的文艺作品等，辐射范围非常广。那么，主播就可以用自己最擅长的方式去介绍这些衍生文化：你擅长讲故事，就讲发生在自己身上或者别人身上的醉酒糗事；你擅长唱歌，可以来一首与喝酒有关的歌曲；你懂得化学，可以从酒成分的角度分析怎么醒酒最快……切入的角度非常之多，而且每一个都能引起粉丝的关注和兴趣。

当你把衍生文化讲得妙趣横生时，再拿出一点时间介绍产品，粉丝就很容易接受了，因为他们刚刚被衍生文化"洗了脑"，潜意识都有跃跃欲试的感觉，这就相当于做好了预热工作，所以带起货来要容易很多。

图5-13　"江小白"的酒文化

为什么江小白能够在短短的几年间把无数酒业大佬打得甘拜下风呢？这都是得益于江小白从本质上是文化创意品牌，它把所有的营销重点都放在了和酒文化相关的精神生活上，一句"我是江小白，生活很简单"让不少奋斗过却无大建树的追梦人意识到"平平淡淡才是真"，以浓厚的时代感和文化气息征服了用户（见图5-13）。

2. 从用户情感结合产品

也许你没有发现，大多数产品都能和人的情感产生关联，比如一支钢笔，能够让人回想学生时代的青葱岁月，比如一把雨伞，能够让人联想到初恋时和爱人从雨中跑过的相依身影，再比如一件工装，能够让人记起第一次面试时的紧张和兴奋……有了情感，就有了内容，更有了向粉丝种草的切入点。打个比方，你接到了一个减肥产品的带货任务，那就可以从一段惨痛的失恋经历讲起，目标锁定在年轻女孩身上，通过讲述主人公（也可以是主播自己）因为失恋而出现了短暂的自暴自弃结果增重了30斤，把对爱情的留恋和人心的冷漠娓娓讲出，最后话锋一转，带出减肥产品。

听起来这种套路并不怎么高明，好像很多软广告都用过，但其实主播是可以通过声情并茂让粉丝把注意力都集中在故事本身，以调动他们的情绪为重点，这个环节的时长占比一定要足，当粉丝的情绪确实产生了波动以后再把产品合情合理地带出来，这样粉丝就容易接受了。说白了，渲染感情是重点，不能走过场，否则就真的变成了拙劣的营销。

看看这条杜蕾斯的广告，用短短的一句话就能直击用户的心灵，还巧妙地避开了敏感的内容，把一件和

图 5-14　杜蕾斯广告

性有关的产品升华为了爱情故事，能不让人动心吗？

3. 从用户痛点结合产品

产品诞生的目的是什么？帮助用户解决问题，而每一个问题都至少会关联一个痛点。手机是为了解决远距离交流的痛点，面膜是为了解决皮肤保养的痛点，汽车是为了解决空间障碍的痛点……那么，痛点本身也是可以创造内容的。比如，你想销售一款运动鞋，那就可以从打球时被崴伤了脚说起，可以编故事，可以结合影视剧，载体不重要，重要的是让粉丝们产生共鸣，让他们联想到发生在自己身上的遭遇，这时再推出产品，不仅不会让粉丝反感，反而有一种赐给他们礼物的感觉。

奥妙曾经做过这样的广告：很多家庭主妇因为孩子玩耍把衣服弄得脏兮兮的，所以就禁止孩子弄脏衣服，结果却剥夺了孩子喜欢玩耍和探索的天性，这一点引起了家长们的共鸣，然后奥妙再用"脏是好的"这句广告词帮助用户解决了痛点：放心让孩子去玩耍吧，有奥妙洗衣粉呢！

当然，通过直播内容去结合产品，并不局限于上述三种方法，具体怎么操作，还要看主播对营销是如何认识的，这需要主播在日常生活中多关注有关创意营销的信息，丰富头脑，开阔思路，以此为工具去指导直播内容，那就会收获意想不到的效果。

做到"热点和产品"的完美融合

随着直播带货的火爆，主播面临的不仅是内容趋于同质化，而且产品也趋于同质化。那么，如何在直播中凸显产品的独特吸引力呢？结合热点。

热点人物和事件，永远都是最能让大家关注的，当然结合热点不等于恶

直播带货

意炒作，在营销学上叫作"借势营销"，它是通过策划和热点相关的内容、活动、专题等方式，让粉丝产生兴趣和好感，属于情感营销的一种，它可以看成品牌宣传的一种传播方式，不仅成本相对低廉，还能快速地发酵话题，节省了前期的预热工作，可谓花小钱办大事。

那么，可以结合营销的热点有哪些呢？这个筛选环节很重要，因为有些人和事是不能随便蹭热度的，这里有四条准则。

第一，是否足够正面。

天灾人祸，社会悲剧，这些事情不要碰，因为这是严肃的话题容不得调侃，而且你的产品也没法真正和它们联系到一起，强蹭热度只会产生负面影响。

第二，是否合法。

如果你用了某个明星的表情包作为交流工具，那基本上没问题，可如果你借用了社会知名人物的肖像、私密照片或者恶意篡改的表情包，那可能会产生法律纠纷。

第三，是否足够关联。

千万不要把没有任何共同之处的热点和产品联系在一起，这样就不是尴不尴尬的问题了，而是很难让受众理解，起不到传播的作用。

第四，是否会产生误解或歧义。

要知道网络喷子无处不在，你的直播间里也会有，如果因为语义上的歧义让喷子自认为抓住了把柄，那你很可能会被嘲讽和攻击，而如果你是有一定知名度的主播，你的竞争对手还会联合营销号和水军向你发难。

把热点和产品结合，目的是让受众对产品产生印象，这才是蹭热点的初衷。有的营销广告虽然"搭上"了热点的快车有了高曝光率和转发率，可是热点已过，大家什么也没记住，这就是为了热点而热点，根本没有做好与产品的深度结合，这对于直播来说也是需要重视的问题。接下来，我们就来看看几种常见的热点结合方式。

1. 锁定关键词

如果你不知道怎么蹭热点，不如暂时放下这个问题，而是把当下的热点罗列出来，然后找出一堆关键词，看看哪些能和你手头的文案关联在一起。比如某某明星宣布订婚了，那就找出和订婚有联系的关键词：婚姻、爱情、门当户对、两性心理……这些词汇总有一个或者几个和你的产品发生关联，比如明星同款妆，比如明星在某个热播剧里的赞助商就是你现在的供货商，比如明星说过的一句话和你的产品内容是一样的，那么就可以利用这些关键词或者关键语句作为结合的切入点，既能抓住受众的眼球，也不会显得突兀。

在电视剧《欢乐颂》热播之际，哈尔滨啤酒就巧妙地蹭了一波热点，把剧中"五美"及关联角色的心里话、人设都重组出一小段台词，然后将一个啤酒瓶的小图标巧妙地穿插在其中，既减少了广告的硬度，又增强了话题感和趣味性，一时间很受大家喜欢（见图5-15）。

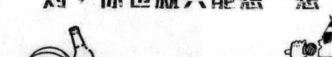

图5-15 哈尔滨啤酒广告

2. 深度融合

有时候寻找合适的关键词不太容易，也缺乏创意，即便你蹭了热点也是没有新意，受众只能被流量最大的直播带走，所以我们还是要靠创意取胜。那么如何取胜呢？将热点的关键词和产品的关键词进行重新组合。打个比方，你是做教育直播的，打算向受众推荐成人培训课程，那就可以把"特斯拉"和"培训课程"进行融合变成"特斯拉式的培训"，这样标题就有吸引力，但还是缺乏内容，所以必须再深入一步融合，变成"如何让你具备像马斯克一样的领导力"，这样你的产品就和热点融为一体，而不是单纯地借势了。

3. 恰当的类比

有时候热点人物和事件，感觉和你的产品风马牛不相及，但是它们存在着某种共性，那么你就可以通过共性进行类比。2017年3月23日，国足1∶0战胜韩国队，不少媒体纷纷开始了蹭热点活动，其中腾讯手机管家蹭得最有特点：守得住，才能赢得稳！从表面上看，一个手机管家软件和足球运动实在没什么关联，但是找到共同点进行类比，就容易了：足球运动需要顽强的防守，而手机管家也是在保护用户的手机，这是它们的共同点，而这样的类比既不显得突兀又让人会意一笑。借着这个思路，你也能把自己的产品和"防守"结合在一起，比如面膜——守住女人最后的底线，比

图5-16　腾讯手机管家广告

如短裙——守住夏季的尊严。只要思路放开，找出共性并不难。

4. 幽默的调侃

有时候蹭热点并不需要挖空心思锁定共同点，也不必非得建立强逻辑关系，也可能只抓住一个点，加上夸张和幽默作为"作料"，一样会产生良好的效果。

2018 年 8 月 31 日，苹果对外发出了秋季发布会邀请函，海报是一个大大的圆圈，代表着苹果秉承简约和人性化的特点。没过多久，"蹭热点"大王杜蕾斯就发布了一张类似的海报（见图 5-17）。

图 5-17　广告要"蹭热点"

从逻辑关系上讲，安全套和手机确实没有什么共同点，杜蕾斯不过是以幽默调侃的方式蹭了一个圆形图案，这样只要看过苹果海报的人马上意识到这是一个梗，就会发自内心地感到很有趣，也就记住了杜蕾斯的产品。作为直播节目，主播也可以玩类似的套路，比如时下流行某个热播古装剧，可带货的却是现代产品，那主播可以尝试玩 cosplay，模仿剧中的人物换上一身古装，然后讲一个和穿越有关的故事，把产品脑洞大开地带回到古代，一样是结合热点而且还妙趣横生。

总之，结合热点的方法不是固定的，最有效的训练方法就是多关注当下的新闻以及多了解自己带货的产品，有时候并非二者没有联系，只是你还没有深入本质，所以仅仅停留在表面是不够的，要多观察、多分析、多尝试、这样就会越来越得心应手。

打造高度垂直的直播内容

如今，"直播+"已经成为行业发展的趋势，所以"+"后面几乎什么都可以加，那么有人会理所当然地把"直播"当成关键词，而忽视了后面的"+"。其实，当"直播+"成为时代趋势之后，"+"后面的内容才是关键词，因为它代表着细分领域和垂直用户。

在吃流量增长红利的时代，有用户进来你就能赚钱，主播如此，平台也是如此。可是随着流量增长红利减少以及各大直播平台的割据趋于成熟，想要瓜分别人家的用户并不容易，唯有深耕用户才能提高变现率。打个比方，不对用户垂直分类，你向他们推荐一双鞋子，用户可能会买了，因为他们有脚有腿需要穿鞋，可如果再向他们推荐一双名牌运动鞋，用户可能就不会买了，因为他们不是该品牌的信仰粉，也不是运动爱好者，对什么"减震效果"完全不在意，那么这时候你就会发现带货带不动了，为什么？因为锁定的不是这款运动鞋的垂直用户。

想要精准定位用户从哪里入手呢？内容。只有打造高度垂直的内容，才能吸引到匹配度高的用户，这就像你开了一家快餐店，什么人都可能过来吃，因为菜系是大众化的，可突然有一天改成了粤菜馆，一些人可能就不会来了，你事先准备好的食材可能会坏掉，但这不能怪你的老主顾，是你的内容不够垂直，如果你一开始就挂出粤菜馆的招牌，那么慕名而来的就一定是喜欢粤菜的食客，这时候你准备的食材才有用武之地。

　　直播最初的形式是泛娱乐类直播，它存在着变现模式单一和内容严重同质化两大弊端，而且据业内人士透露，不少所谓的土豪打赏水分很多，有一些是靠网红经纪和平台的刷量和补贴作的秀，而广告和电商的转化率也不高，这就是内容不够垂直带来的天然弊病。

　　在教育直播领域，目前"fast school"代表了深度垂直的方向，它是一家针对小学生的美国外教直播平台，最大的特点就是邀请美国人做主播，通过直播的形式与学生互动，提升孩子们的学习兴趣（见图5-18）。

图 5-18　孩子们正在看教育直播

　　为什么 fast school 会做出这样的选择呢？因为教育直播对主播的专业素质要求更高，这是针对平台特征的理性分析，所以通过美国外教作为知识的输出点，借助有趣的话题、随堂练习和实时评分等手段，才能真正寓教于乐，让学生一边收看直播一边获取知识。相比之下，单纯依靠中国的外语教师去吸引小学生学习外语，还是换汤不换药，把课堂变成了直播间而已，学生如何能提高学习兴趣和学习效率呢？而且，由于引入了外教教学的形式，客观上提高了专业门槛，能够直接屏蔽掉低水准的竞争对手，也能培养属于自己的忠实用户，避免被模仿和超越。

　　内容的深度垂直从客观上讲，对各个直播细分领域的规范是有好处的，因为你想深耕用户，就必须拿出真本事，有过硬的内容才能作用力更强。反之，如果还是停留在泛娱乐化的时代，只想通过几个美女主播制造热度，那样直播行业也无法发展。

2019 年的最后一天，以往在段子中才能出现的"82 年拉菲"惊现淘宝直播间，标价 86888 元，结果在主播倒数 5 秒之后 2 瓶 82 拉菲被秒光，随后 1983 年、1984 年、1985 年的拉菲也一并被秒。其实，这一次的电商直播给业界传递了一个信号，那就是未来电商垂直节目将成为主流。因为这场名酒盛宴既不是靠着薇娅也不是靠着李佳琦带出的，而是一个知名度不高但高度垂直的《环球酒评道》（见图 5-19）。

既然高垂直的直播内容是大势所趋，那么主播怎样聚焦在一个细分领域呢？其实，这并不是多么困难的事情。因为任何一个细分领域，本身都是"自带粉丝"的，他们会因为浓厚的兴趣而关注你。你卖数码产品，自然有数码控成为你的粉丝；你卖母婴

图 5-19 红酒专场直播

用品，自然有宝爸宝妈过来捧场……事实上，垂直的内容越精细，定位的粉丝就越准，反而容易找到目标人群，而单纯的娱乐才是最难进行转化的。

作为主播一定要看清楚，直播是一个去中心化的模式，打破了门槛，和微博这种社交平台还不完全一样，你不一定非要依靠大 V 帮你转发，也不需要有过硬的营销手段，只要能够找到一个细分领域的用户，带着他们开心地玩耍就足够了。当然，寻找细分领域也有一定的操作技巧。

1. 从现有资源入手

现有资源包括了你个人的资源和身边所有可以借力的人的资源，而非单纯指你有什么兴趣和特长。打个比方，你个人喜欢电竞，但是没有特别擅长的游戏类型，贸然去当游戏主播也难有出头之日，可是你身边有很多喜欢文玩的人，这就是一个细分领域，目前做的人也不是很多，那就不如邀请这些朋友给你提供相关的信息和货源，毕竟近水楼台先得月，你的直播内容具备了可持续性，瞄准这个方向发力，总会慢慢吸引一批粉丝。

2. 从供应链入手

如果你已经有了少许的粉丝，却没有明确的垂直方向，那不如采用倒推的办法，先去找供应商，看看你能拿到什么类型的货，然后根据产品的特征为你的用户画像，从这个用户群的特征入手设计内容。因为随着直播带货的竞争日益激烈，供应链将成为重要的争夺资源，尽早和供应链接触也是在提前布局。

3. 从市场蓝海入手

美妆服饰这些直播带货的热门区域，一般主播还真不好做，所以与其和头部主播硬碰硬，不如先去调查一下市场哪一块的直播细分领域存在空白或者进入者较少，选择一个适合自己做的，然后一门心思扎下去，千万不要因为前期的无人问津而马上放弃，这可能是你的宣传力度还不够。未来，直播用户的需求必然是走向多元化，只要不是特别冷门的领域都有一定数量的粉丝，而且越小众变现率其实越高，因为他们的选择性也不多。所以，找准了蓝海就不能随意让出，等到蓝海变红之后想进入也难了。

可以预见，随着"直播+"商业模式的推广，越是垂直的直播内容就越具备生命力，因为只有垂直化的内容才能下沉到忠诚度更高的用户，同样，

直播带货

这也会要求主播把直播内容做得更为优质，从而形成良性循环：优质内容吸引黏性高的用户，黏性高的用户促进新的优质内容的生成。之所以敢大胆进行这种推测，是因为直播从一开始是以泛娱乐化的内容切入的，而如今泛娱乐化的覆盖面正在逐渐缩小，正在演变为教育、公益、体育、医疗等几十个细分领域，这足以证明垂直内容是未来用户追捧的目标。

第六章

运营——电商直播的营销技巧

与粉丝互动的直播技巧

和粉丝互动是一门技巧，不少新人主播都会遇到难解的问题，比如怎么做自我介绍，比如怎么向粉丝要礼物且不让人反感，再比如如何开始直播带货。今天，我们就重点研究一下，主播和粉丝的互动话术。

1. 自我宣传话术

从陌生人到熟人，总要经历一个过程，而如果你使用了正确的话术，就会加快这个过程，让直播用户看上一场直播就变成你的忠实粉丝。

（1）卖乖型话术

"新来的小哥哥小姐姐们还不知道主播是播什么的吧？别着急，现在我就自卖自夸一回，本主播唱跳俱佳，特别是擅长拉丁舞，除此之外还是个大吃货，对国内各大连锁餐饮都略知一二，可以随时向你们推荐。现在，主播就要带着你们云游我最喜欢的一家川菜馆，中间插播一段劲舞，请不要走开哈。"

这种话术适合萌妹定位的主播，特点就是把自己当成小妹妹，偶尔撒个娇卖个萌就能得到粉丝的关注和喜爱。如果你说话字正腔圆摆脱不了一本正经的话，最好不要尝试这种风格。

（2）走心型话术

"大家好，直播间里有很多新朋友，我对你们来说也是一张新面孔，其实我做直播呢，除了想得到别人的认可之外，也希望大家在忙完一天之后能够获得放松，哪怕是因为我而笑了 3 秒钟，我也会非常开心，希望天南地北的朋友们都能和我聊聊天、交交心，特别是点关注的朋友们，感谢你们的认可。"

这种话术适合性格沉稳的主播，男女皆可，特点是把自己定位成用户的朋友，建议有一定的阅历的人走这条路线，因为如果在日后的沟通中暴露出你的种种不成熟和无知，还不如一开始定位成萌妹萌弟。

（3）段子手话术

"大家都看到了，我明明是一个能够靠颜值吃饭的主播，现在却要卖唱聊天到口干舌燥，跳舞跳到两腿抽筋，各位老铁如果欣赏我的坦白和直率，那说明你们都是宰相肚子里能跑航空母舰，心都那么大了，也不介意关注我的直播间，我会给你们直播到天亮！"

这种话术适合自带幽默气场的主播，男女皆可，不过如果是女主播，应该是那种爽朗类型的，尽量在外形和言谈举止上有所贴近，否则容易让大家认为是故意立人设，不如展示真实的一面。

2. 进场欢迎话术

正常来说，只要直播间进入了新粉丝，主播都应该一视同仁，当然比较熟悉的可以用比较亲近的称呼，但不能完全无视新粉丝。如果让用户意识到主播喜欢看人下菜碟，就会影响到主播的声誉。当然，进场欢迎要有真实感，不能一听就是在敷衍了事。

（1）对新粉丝的话术

"欢迎×××（昵称），第一次来直播间吧？这里待会儿有很多好玩好看的，千万别走。"

用悬念式的话术先稳住粉丝，让对方产生好奇和期待，但也不必把自己吹得太高，否则落差太大会影响主播的形象。

（2）对老粉丝的话术

"×××，好久不见啊，以后再来晚了罚你喊麦三小时。"

用朋友间的口气称呼老粉丝，给他们一种亲切感，这样既能留住他们的心，也容易让他们在接下来的直播中有互动的动力。

（3）对骨灰粉的话术

"×××真是太低调了，来了都不冒个泡。"

所谓骨灰粉，是指经常和主播互动的忠实粉丝，对于粉丝，主播不能在欢迎词中有明显的另眼看待，容易给人一种把粉丝分成三六九等的感觉，所以用"太低调了"来暗示该粉丝可以"高调"，在直播间有一定的影响力，既取悦了粉丝也不得罪其他人。

3.聊天互动话术

和粉丝聊天，核心就是调动粉丝的好奇心和情绪，当然这要遵循人的基本心理，不能一上来就急于带动气氛，这只能变成尬聊。

（1）气氛酝酿型话术

"接下来，想听《×××》（歌曲名）的扣1，想听《×××》的扣2，不想听的什么都不要扣……"

这种话术是在直播刚开始，大家注意力比较集中但是情绪并没有爆发的阶段，所以主播既然配合这种情绪不能像傻子一样自嗨，也要合理地调动粉丝的情绪，所以要和颜悦色也要制造一点小幽默感。

（2）提问回答型话术

"插一下哈，我问问你们有没有玩 LOL 的？哦，你们也在玩啊，我在 ×× 区……"

这种话术适合在粉丝情绪并不高涨但是对主播已经产生了好奇心的阶段，那么主播就要尽快寻找和粉丝的共同点，加深了解增强黏性，所以问答式的话术会直接让粉丝参与进来。

图6-1 美女主播带货化妆品

（3）热情洋溢型话术

"现在，觉得主播跳得好看 / 唱得好听的，马上刷一波 666！不要停！"

这种话术适合在直播高潮阶段，气氛已经上来了但是还没有达到顶点，所以主播需要通过互动让粉丝进入嗨翻天的状态。需要注意的是，这类话术一定要简短，不能太长，否则起不到振奋人心的作用。

4. 求关注话术

作为主播，不要觉得求关注是一件不好意思的事情，在你正式直播带货之前，粉丝数量是你未来变现的基础和保障，该张口一定不能嘴软，当然要注意说话方式。

（1）恳求型话术

"主播这么可爱，你怎么忍心让我等待，关注快快来。"

这种话术适合萌妹型主播，当然如果是健谈型主播，偶尔反串一下萌妹也不是不可以，总之要显出一种楚楚可怜的样子。

（2）深沉型话术

"哲学大咖黑格尔说过，下雨天，直播间不能少了关注。"

这种话术虽然是幽默风格的，但是配合的腔调要深沉，把粉丝关注主播这种有些不好意思的事情严肃地说出来，最适合那种把粉丝当成朋友的主播人设。

（3）忧郁型话术

"对不起，今天心情不太好，求关注……"

这种话术是用忧郁的口味配合暗示来完成的，基本上任何人设的主播都能用。

5. 下播话术

对主播来说，能够陪着你下播的粉丝都是真爱，所以要特别留意这部分人群，他们未来可能就是你变现的主力军。虽然下播意味着不再需要互动，但是从长远来看，它是在引导粉丝在下一场和主播继续互动，所以也要注重说话方式。

（1）感恩型话术

"×××（主播昵称）今天非常开心，有这么多小哥哥小姐姐们陪伴，今天的直播就到这里了，明天同一时间准时开播，不见不散哦。"

这种话术符合萌妹型主播的定位，不过需要和开场时那种俏皮感有区别，毕竟这时候是夜深人静，萌感太强的话会少了几分真诚，所以在语气腔调上要稍微凝重一些，这才容易打动粉丝。

（2）文艺型话术

"又到了下播的时间了，和大家度过这个美妙的夜晚，时间总是比我们走得更快，不过我们会走得更远，不是吗？"

这种话术比较适合性格沉稳的主播，一直对粉丝以朋友相称，没有那么多矫情，文艺范儿里透出一股真诚，在深夜中别有一番味道。

（3）情话型话术

"都说陪伴是最长情的告白，今天我收到了你们的爱意，希望明天还能继

直播带货

续被爱，感谢×××，×××（点名几个待得比较久的粉丝），大家晚安。"

这种话术并不局限主播的人设，而是要根据直播间的氛围，如果整场直播非常顺利、粉丝意犹未尽，那么这番话的感染力就很强，甚至能够让留下来的新粉丝迅速增强黏性，在主播和用户之间建立一种微妙的感情。

总而言之，无论你是靠颜值吃饭的主播还是靠才艺吃饭的主播，互动话术都将影响到你的职业生涯。当然，直播界并没有死板教条的话术法则，主播还是要从自身定位、平台环境以及粉丝特性上入手，其实想要成为一个沟通的王者并不难，多聊天，多主动，就会渐渐掌握其中的技巧。

极美播系的多平台利益共生体

不要把鸡蛋都放在一个篮子里。

这句话不仅阐述了投资学的基本法则，对事业经营也是同样适用的。对于主播来说，只依靠一个平台、一块屏幕去输出内容，那么接触到的受众总归是有限的，只有扩大接触面，才有更高的概率成为头部主播，具体的操作方法分为战术和战略两个层面。

先说说战略层面，多平台宣传。

前面我们分析过不同的直播平台，对应了不同偏好的用户群体，看似没有交集的，其实只要采用合适的黏着手段，游戏直播用户也有购物的需求，电商直播的骨灰粉也可能是资深游戏玩家，找到交集进行切入，就能实现不同平台的粉丝联动和转化。但是问题在于，现在很多直播平台原则上不会让一个主播"四处安家"，如果你是一个没什么流量的小主播还比较自由，可一旦人气上去了，平台为了推荐你，一定会和你签约，自然会对你进行限制。基于这种现实情况，走传统的直播路线存在风险和障碍，就要尝试新的解决方案。

图 6-2　电商直播

在多平台联动方面，目前最有发展潜质的就是极美播系。那么，它又是一个什么平台呢？其实它和我们日常所说的电商、游戏直播平台不同，是一个全球共享的平台，充分利用了移动互联网的技术优势，其背后的开发和运营团队都是国内外的顶尖精英，打造的"极美直播"是一个具备了新进化特征的直播逻辑：可以线上和线下相结合，同时可以在世界范围内直播，此外还具有互动、邀约、回放等功能（见图 6-3）。

图 6-3　极美播系

直播带货

因为是多平台联动，所以极美直播是一个能最大限度地容纳多人在线的空中商业综合体，特别是在私域流量上十分具有开放性，对没有粉丝支援的新人主播十分友好，而且还拥有超过 10 万款好货，免去了直播带货对供应链跟不上的烦恼。简单说，极美播系是一站式的直播新零售社交平台。

如果按照以往的操作逻辑，多平台联动不仅会受到主平台官方条款的限制，也会给主播本人及团队带来不小的运营压力，甚至可能出现精力被分散反而不如专注于一个平台的尴尬情况，这对于刚入行的素人主播来说是空前的挑战。但是，极美播系的出现，帮助主播们解决了这个问题。

其一，背靠微信，拥有强大的社交属性，粉丝来源不成问题；其二，直连淘宝，用户下单十分方便；其三，联动拼多多，收罗全年龄段的潜在用户。结合以上三大特征，让极美直播变成了类社群营销的直播综合平台，粉丝和主播、粉丝和平台的黏性空前强大，而且主播能够和极美播系产生终生的合作关系，形成长久的利益链，对主播的个人前途有长期的扶持作用。

除此之外，极美播系的合作范围也很广，个人主播可以加入，企业直播也可以参与，外国企业也不受限制，是一个开放性的可以挖掘潜在用户市场的新商业思维。不夸张地讲，这种经营逻辑和技术理念目前在国内外都是比较领先的。反过来看，极美播系的这种平台构造，对用户也是具有吸引力的。因为在"懒人经济"的影响下，用户渴望的是一站式的社交、直播和购物，如果每个环节比较分散且缺少无缝对接感，很可能让一些怕麻烦的用户选择离开，所以像极美播系打造的这种智能生态体系，在未来市场上是很有适应性的。

很多主播担心多平台联动会失去主心骨，甚至害怕被某个平台抛弃，其实大可不必如此焦虑。在极美播系的生态系统中，每个参与者都能受益，他们之间形成的是一个利益共同体，为的是求同存异，而不是拉帮结派，只是在横向上有连通而已。为什么华为手机能够异军突起，就在于华为人人都是利益共同体，所以每个人都有努力向上的动力。综观今天的互联网巨头们，也是在竞争的同时存在着合作，并非绝对的对立关系，因为对立代表着割裂市场，这在未来一体化的经济时代是吃不开的。

多平台联动，对主播来说是一个操作范围很广的概念，它不仅局限于社交和直播平台，也可以垂直到小众平台，比如有的主播可能是模玩爱好者，一般的直播和社交圈子里很少涉及，那么不如借助直播节目把自己的爱好向粉丝推广，扩大爱好群体，同时借助主平台的流量向次级平台引流，实现信息共享，这样的营销战略会让主播拥有更丰富的变现渠道。

说完了战略层面，再谈战术层面，那就是多屏互动（见图6-4）。

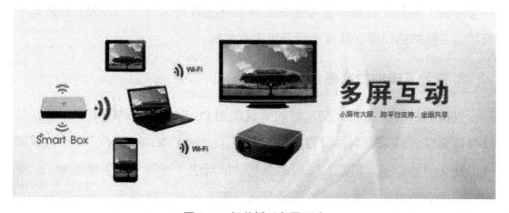

图6-4　极美播系多屏互动

什么是多屏互动？一般是指内容同屏，然后分别通过手机、平板等不同的智能终端去呈现，它还有更高级的形态，就是多屏内容互动，这个定义的重心既不在于是否同屏，也不在于如何操控，而是在数据内容的层面。看看我们身边的广告，大多数已经进化到了全媒体时代，也就是说，在看电视的时候能看到广告，在楼宇电视上也能看到类似的广告，在手机、平板上同样可以看到这些广告，这就是信息的触达范围扩大了，有一种"不想看也得看"的覆盖感。那么，它对直播来说有哪些好处呢？

1. 扩大内容的传输范围

主播好不容易做了一期优质节目，可是因为粉丝少或者平台推荐不到位，无法产生热度，而直播又不像短视频那样可以反复播放，日后被突然炒红的概率极低，那就不如在播出期间通过多屏互动让直播受众之外的群体也有机会看到，这个既不和平台发生冲突，也能起到变相推广平台的作用，对主播和平台都是有利无害的。

2. 强化粉丝的感知度

一个粉丝忠诚度再高，也不可能每次都能准时观看主播的节目，总有错过或者无暇观看的情况。那么，当主播通过多屏互动来直播时，粉丝可能在户外广告上看到了直播，也可能在电梯电视里看到了直播，客观上就强化了粉丝对主播的感知度，从普通粉升级为死忠粉。

3. 提升直播的社交感

直播的核心还是玩社交，可如果只能用 PC 端或者移动端观看，就会给这种社交模式带来限制：没智能终端看不了，没了 Wi-Fi 看不了……这就降低了社交的体验感。但是，采用多屏互动的玩法，就等于和主播增加了"见面"的机会，网络自带的虚拟感被弱化，线下的真实感强化，那么粉丝和主播的黏性就进一步增强了。

无论是多平台联动还是多屏互动，核心都是把直播的"蛋糕"做得更大，找到更多的目标粉丝，避免因为信息不对称埋没了主播出头的机会。当然，凡事都是战略主导，战术辅助，对大多数想要进军直播界的个人或者企业来说，只有拥有多平台的利益共同体，才能确保资源的最大化，接下来再去操作多屏互动就会事半功倍了。

以产品为核心派送福利

主播和粉丝的关系，有时候很微妙：一个有趣的段子可以吸引用户成为粉丝，一个迷人的微笑能让粉丝慷慨地打赏，然而有时候主播工作上的疏忽也会让粉丝反感甚至脱粉。

这不是危言耸听，最典型的就是主播在直播带货时有没有给粉丝"福利"。

人的心理其实是很复杂的，有些粉丝可以送礼物给主播，但是发现主播带货时完全按照商场原价，瞬间就会失望，他们可能并不差这一点钱，但是他们会由此发现主播的"商人本质"，和之前主播的"萌妹人设""朋友人设"产生了强烈的冲突。所以，即便是罗永浩这种自带流量的大咖，直播带货时也强调"不为赚钱只为交个朋友"。

归根结底，在中国这种人情社会里，直播间也要遵循相应的社交法则：粉丝们来主播这里买东西，主播作为回报就要派送福利，这才能打造良性的交易关系。

一个优秀的带货主播，不仅是一个能够对产品了如指掌的导购，更是一个能给粉丝输送"好处"的自己人，这样才能强化主播和粉丝之间的关系，把直播间转变为线上卖场。

当然，派送福利不是随便给粉丝发个小红包，这样对粉丝虽然是有利的，但对带货来说没有实际意义，正确的操作方法是以产品为核心派送福利，强化粉丝对产品信息的感知度。

1. 以产品为福利进行抽奖

对主播来说，给粉丝最好的福利就是产品，这样有三个好处。其一，有助于帮助消化库存，减少带货压力；其二，扩大使用者范围，提高产品的感知度；其三，让粉丝意识到"主播把产品当成最好的福利"，暗示产品的优质性。在众多直播福利中，抽奖是最有吸引力的，能够产生巨大的流量，还能充分活跃直播间的气氛，虽然形式不够新颖但是优势明显，是主播们常用的派送福利方式。

经常观看薇娅直播的人都知道，薇娅的直播第一件事做什么呢？抽奖。想想看，粉丝打开电脑或者手机之后，看到笑容可掬的"淘宝直播一姐"的

直播带货

一句话就是"废话不多说，我们先来一波抽奖"。感染力是不是很强呢？用抽奖的方式吸引直播用户不断加入进来，不仅能带动直播间的气氛，还能让用户感受到强烈的参与感。所以，薇娅的直播抽奖几乎是雷打不动的，而且很多时候抽奖是和产品有关，目的就是强化粉丝对产品的认识。

薇娅这种把抽奖当成固定开场的方法很好，它会无形中在粉丝心中产生这样的认识：主播很在乎大家有没有得到实惠的好处。因此，很多老粉丝即便不在意能否抽到奖也会去捧个场凑个热闹，这都在客观上为直播间提升人气和流量作了贡献。

2. 以特价产品为契机留住粉丝

派送福利也有技巧的，如果主播一下子把所有的福利派送完了，那么粉丝会存在两种截然相反的情绪：得到福利的会欣喜若狂继续观看直播，没有得到福利的可能会失望地离开。从这个角度看，抽奖送产品也不能作为唯一派送福利的手段，还要配合更符合消费心理特点的手段，那就是不定期地推出特价产品。

所谓不定期，是指在同一场直播中，不设预定时间地送出福利，当然福利仍然是产品，只不过是特价的，能够得到福利的人都是在直播间里的现场粉丝，而不是看看推送和预告就有机会获得，所以也称得上是针对"自己人"的福利。

罗永浩从第四次直播开始，也很注重给用户派送福利，每次都能抛出十几款的"大牌半价"。一方面，这能够起到直播前的宣传作用，为导流用户做好了铺垫；另一方面，这种每隔一两件商品就上一个特价款的方式，让粉丝舍不得离开，直接解决了直播间里用户停留时间短以及频繁跳失的常见问题。

3. 以核心产品关联周边产品

作为带货主播，眼光一定要放长远，不要满足于一场或者几场直播带货的销量，要能照顾到可能带货的全系列产品，要通过一个爆款产品形成联动效应，说白了就是用好货去带动普通货的销量，这样既能增加变现的总额度，也能将直播的影响渗透到每个细分领域的用户群体中。

当然，这属于变相的搭配销售，但不算真正意义上的捆绑销售，也就是说，粉丝有选择不买的权利，但是主播应该让粉丝明白"你买了好看的上衣就该配一条好看的裙子"这个道理，以理服人，以情动人，配合明显的优惠价格，就会让大部分人产生购物的冲动。

2020年4月，国民小家电品牌九阳联合苏宁易购等苏宁全平台，开展了联合直播上新，邀请了《奇葩说》人气辩手、知名主持人大王空降直播间，来了一场插播精彩辩论的带货直播。这一次带货的核心产品就九阳新研发的不用手洗破壁机Y3以及不用手洗豆浆机K150等产品。产品本身具有"黑科技"属性，这个在前期预热的时候已经收到了积极的反馈，而在直播带货现场，大王又凭借三寸不烂之舌向粉丝们推荐了厨房应用场景下的其他周边产品，比如电火锅、电饭煲等。因为周边产品和核心产品的受众群体是重叠的，都有购买厨房小家电的需求和欲望，所以通过核心产品的福利价优惠，加上周边产品的疯狂打折，很容易形成促销的热烈氛围，最大限度地网罗新老用户。

主播向粉丝派送福利，既能拉近和粉丝的关系，也能拉动直播带货的热度，可谓两全其美。关于福利的设置并没有硬性的要求，主播可以和供应商沟通之后设定最合理的派送力度和额度，既要量力而行也不能太过吝啬，要让粉丝感受到主播的诚意，这样才能不断地吸粉和变现。

直播中适时发放优惠券

直播间里存在两类人群，一类是老粉丝，另一类是新粉丝。对于老粉丝，主播可以通过派送福利的方式增加亲近感，让他们认为没有白白关注主播，而对于新粉丝来说，要给他们实惠感，让他们觉得在这个直播间里可以

直播带货

"占便宜"，所以这就涉及另外一种营销技巧——发放优惠券。

从表面上看，福利和优惠券并没有多大区别，但在实际操作上还是存在差异：福利往往是针对老粉丝打出的感情牌，而优惠券通常是吸收新粉丝的促销套路。

从消费心理上讲，优惠券借用了人们的从众心理：别人争抢优惠券然后以低价买到了产品，我如果不买不就等于吃亏了吗？

心理学有一个名词叫"羊群效应"，指的是经济个体跟风的普遍现象。为什么是"羊群"呢？因为羊群在自然界是缺乏管理的组织，一旦有一只羊乱动起来，其他羊也会跟着一拥而上，根本不顾旁边可能存在的危险。

日本有一位著名的企业家叫多川博，他是经营婴儿专用尿布的成功商人，每年的销售额高达70亿日元，被称为"尿布大王"。不过，在多川博刚开始做这一行的时候，业绩并不理想，虽然经过他统计日本每年会出生250万婴儿，也采用了最新科技制作出了品质优良的尿布，却没想到无人问津。经过思索之后，多川博让员工假扮成客户，排队到他的门店里购买尿布，很快就有人好奇地问在买什么，于是就营造出了尿布热销的繁荣场面，而那些真正需要尿布的客户也因为从众心理主动上门购买，多川博终于打开了销路。

从直播间的角度看，一部分粉丝抢到了优惠券会马上花出去，那么其他抢到了优惠券的人就会认为，如果自己没有花出去等于白白浪费了主播的好意，也会认为去其他直播间里可能再也抢不到了，既然过期作废为什么不剁手一回呢？在这种压力的影响下就会加快他们的决策过程。而且，越是女性用户越是有更强的从众心理，这也是淘宝直播带货动辄交易额上亿元的原因之一。

所以，发放优惠券的核心作用，就是让粉丝不知不觉中沉浸到直播间的带货氛围中，慢慢培养出了直播购物的消费习惯，让他们潜意识地认为，在其他购物平台是得不到优惠券的。

发放优惠券和派送福利一样，讲究的是时间点卡得恰到好处，主播可以在直播开始时就放出"一会儿会发放优惠券"的信息，让粉丝有一个心理预期，但是不要马上发放，而是先推荐一波产品，因为这时粉丝的注意力是比较集中的，他们对产品信息的记忆会增强，等到一波产品种草完毕，这时候再进行第一轮的优惠券发放。

薇娅直播带货时，通常是先抽奖，然后会发布优惠预告，为的是让粉丝做到心中有数，将本场优惠的最大力度提前"剧透"提高粉丝们的期待值，比较常见的配合话术是"今晚有××的卫衣，还有××的鞋子，不过数量都比较少总共只有 5000 件，今天直播间会有经典款的秒杀价格……另外今晚有××，有××，比双十一还要便宜……"当然，主播要尽量学习薇娅那种自然而然的介绍技巧，就像和粉丝聊家常一样，不要弄得很生硬，这会失去优惠券带来的诱惑力。

如果条件允许，主播可以在第一轮发放优惠券之前，配合抽奖这样的送福利活动，奖品可以和产品无关，为的是提高直播间的人气。抽奖结束之后，大多数粉丝肯定是什么也没捞到，这时候再发放第一波优惠券，就能一定程度上弥补粉丝失落的心情，也能调动起他们的积极性，这也是薇娅直播带货时常用的手段。

当产品介绍了两三波以后，主播如果觉得预热的程度足够了，就可以发放第二波优惠券。不过，在这个操作环节，主播一定要注意不能平铺直叙，要多用转折和反转。简单地说，如果第一波优惠券的折扣在 90%，那么第二波的优惠券不能还是 90%，因为这时候粉丝的情绪高涨了，同样的折扣对他们的刺激度就太小了，很难激发他们的购买欲，所以要用阶梯式的优惠点燃粉丝的情绪，把他们继续留在直播间里。

薇娅在直播间里，经常采用"转折式连续惊喜"的促销逻辑。在直播开始时，她会介绍产品的卖点，然后给出一个全网最低价，如果粉丝购买第二次会增加赠品，以此类推，通常这样几轮下去，大多数人都会陷入购物的"狂暴"状态中。有了这一波的刺激之后，薇娅才会把优惠券的从低折扣逐渐提升到高折扣，比如第一件 19.9 元，第二件就是 9.9 元，第三件不要钱……

直播带货

眼看着优惠券的"面值"越来越大，很多粉丝的"贪婪"本性会暴露出来，认为只有买得越多才越便宜，虽然他们可能只需要一件，可每到此时已经难以自制了。

当优惠券发放了两三轮之后，基本上带货的高潮就达到了顶点并呈现逐渐下降的趋势，那么这时候主播可以根据实际情况再发放一波，当然如果之前的带货并不顺利，这一波也就没有操作的必要了。总之，优惠券看似帮助主播带货，其实是帮助主播带动粉丝的情绪，继续刺激他们的消费欲望。

一些新人主播因为缺少直播带货的经验，在面对一大堆粉丝的时候难免会不知所措，如果单靠个人的力量很难顺利操作，可搭建团队又提高了成本，所以最好的办法是购买一些商城的应用小程序，这些 App 操作简单，容易上手，尤其是植入了不少抽奖、优惠券之类的互动营销操作，能够低成本地提高运营效率。

发放优惠券，从本质上看就是降低用户的心理门槛，营造购物氛围，而且配合限时限量的投放，就会一步步吸引用户的注意力，既能提高他们对产品的认识，也能延长他们在直播间的停留时间，或许经过几次直播就能把他们转变为死忠粉。

以节日为契机买一赠一

直播带货就是做线上营销，而"买一赠一"是永远不过时的套路。也许有的主播认为，为了对标同行东西已经砍掉了不少利润空间了，怎么可能还有赠送的空间呢？说到这里，我们就要讨论一下"买一赠一"是真的赔了吗？

1. 赠品能帮助消费者解决问题

消费者的购买行为，从来不都是由一个部分组成的。你买 3.5 元的香皂盒，运费 10 元，这时你会有两个纠结点：一是两个香皂盒还没运费贵，有些不值当；二是 3.5 元好像不如别家十几块钱包邮两个的便宜。所以，你盘算着半天就可能不买了。但是如果是买一赠一的话，3.5 元能买两个香皂盒，7 元就能买四个香皂盒，这也比十几元钱包邮两个要便宜，消费者就可能舍得花 10 元的运费了。

2. 赠品能提升消费者的获得感

有的主播会觉得赠品太多，这不就变相证明东西不值钱吗？基本上影响很小，因为它换来的是消费者的获得感。什么是获得感？同样花 10 元钱，买一件东西和买一赠一，感觉上是不同的，这就是从数量上体现出的获得感。如果买得越多赠得也越多，这种获得感就变得更加清晰，所以主播一定要在"量"上做文章，多给予用户获得感，让他们在精神上获得满足，用户才能持续和你进行交易。

既然买一赠一利大于弊，得多于失，那么主播就应该合理利用它，但注意不能滥用，否则就容易玩脱。

2019 年，斗鱼知名户外主播"三三九"发起了一个"买一赠一"的活动：只要在三三九直播间开通骑士及以上爵位梭哈的，都能自动续费一个月。这对于直播间里的老用户来说非常划算，所以不少斗鱼水友都参与进来，然而没过多久，"三三九"宣布取消"充值开通续费一个月"的活动，原因是这个活动让他资金暂时不足，为了减少运营压力只能向粉丝们说一声抱歉。虽然大家并没有什么怨言，但是也一定程度上影响了直播间的气氛。

买一赠一，它的最适用场景应该是人们购物欲望最强烈的时候，因为大家都知道羊毛出在羊身上，所谓赠品其实自己也是买了单的，因为买得越多赠得越多，如此庞大的产品数量怎么可能在短时间内消耗掉呢？唯独在节假日期间最有可能，因为你可以把多余的产品当成礼物赠送出去。

薇娅在带货上有一个超强大的技巧，就是引导用户买产品送人，大幅度

直播带货

地提升客单数。有一次，薇娅在直播卖宝宝纸尿裤的时候，告诉粉丝可以通过兑换卡的形式获得优惠，如果自己用不上可以送人。虽然赠送的不是产品实物，但也相当于"部分产品"，很多粉丝虽然没有宝宝，但是听到可以将商品卡送人还是觉得很实惠的，于是都纷纷下单购买送给亲戚闺蜜同学……营销效果相当好。

如果说"买来囤货"是主播常用的营销技巧，那么"买来送人"就技高一筹，因为它很符合中国人礼尚往来的传统，是一种带着温情的"盲目消费"。那么，怎样才能贯穿这种消费理念呢？

第一，直播前造势。

主播可以在带货之前告知广大粉丝某日要带货直播，记住要在节假日之前（确保用户在节日之前收到货），然后把该产品的社交属性凸显出来，比如"买了它家人都说好""给你打造全新的形象"（暗示用户可以在人前展示自我）以及"最贴心的礼物"等。有了这一波造势，就能事先给粉丝们传递一个信号：该产品不仅质量好，而且拿得出手。至于其他信息主播不必多提，因为临近过节，只要有心的都能想到买来送人。

造势的作用一方面是为了营造带货气氛，贴合节日的喜庆，另一方面也是让粉丝进行二次传播，把消息传递给身边的人，这样一来，就给他们买来送人创造了条件：既然我的亲戚朋友知道我观看带货了，如果我什么都没买岂不是显得很没面子吗？干脆做个顺水人情送人。这样，就为"买来送人"的消费理念做了心理铺垫。

第二，直播中留出悬念。

主播在造势时，不要把"买一赠一"提前说出来，这是为了预留悬念，给予用户一个情绪亢奋的预留空间，也是避免让他们提前做出理性的思考。那么，在直播开始之后，先把重点放在产品本身，让用户了解它的优点，等到气氛酝酿得差不多时再突然抛出"买一赠一"的信息，这就能带起一波高潮。当然，这里面要穿插一些话术技巧，比如可以这样对粉丝说："刚才接到了厂家的电话，为了回馈大家，让你们帮助宣传一下，临时决定开展买一赠一的活动，仅限本场。"这样一来，总会有心急的用户手快下单了，随后就能产生"多米诺骨牌"效应，让抢购成为一种传染情绪扩散开来。在这个阶段，主播可以把"买来送人"的话术传出去，加快粉丝的决策过程。

第三，主动创造节日。

每一年的节日是有限的，特别是和休息相关的重大节日，主播未必都能赶上，因为这还涉及供应链对接的问题，很可能因为临时缺货错过一些大的节日，这种情况怎么办呢？不妨尝试一下"造节"。

在"造节"方面，不得不又说到薇娅，因为这也是她擅长的一大技能，以"薇娅"开头创造了很多原本没有的节日，比如美丽节、生活节、零食节以及比较常见的粉丝节等。别看是自己创造的，但是对粉丝来说，有一个消费主题更有仪式感，很受年轻人喜欢，等于把节日营销的主动权牢牢攥在了自己手里。当然，对于新人主播来说，"造节"确实需要一定的知名度和流量，否则会略显尴尬，不过如果你能把这个节日的缘由说得合情合理，也不是不可以，比如联系国际上的某一次运动或者其他重大事件，只要能自圆其说，粉丝不会有意抬杠去驳斥你，毕竟大多数人都喜欢节日。

当主播能利用各种现有节日和"人造节日"时，就等于让广大粉丝长期沉浸在购物狂欢的情绪中，这时"买一赠一"的诱惑力就会无限放大，比发放优惠券的效果更好，因为"买一赠一"总是有一种捡漏的快感，而这恰恰是直播带货最应该凸显的营销优势。

一招鲜吃遍天，前辈们总结的经验，放在任何一个时代都有用武之地，只不过要用得巧妙就需要合理加工，不能拿来就用。买一赠一，一方面，是利用了人性中贪婪、恐惧和幻想等弱点，这些弱点让消费者变得很盲目；另一方面，"买来送人"又是利用了人性中渴望被群体尊重、接受和喜爱的心理，巧妙地提升了营销的境界，可谓一举多得。

通过热点事件制造话题

借助社会热点事件制造话题，是一种事件营销、借势营销，在传统的营销中比比皆是。同样，它也可以用于网络直播中，属于一种借"题"发挥的做法。在全民参与的互联网时代，社会热点总是层出不穷，借助社会热点进行网络直播，更容易与粉丝产生共鸣。

H&M 在推广自己的运动系列服装时，就曾利用大家喜欢的体育事件制造话题，采用定期讲述一个体育故事的形式吸引了一大批消费者。体育运动，是大多数年轻人的爱好，尤其是男性，可以说每个男性都有个体育梦，即使有时候无法完全付诸实践，对某项体育运动也有着特殊的情结。例如，很多不会踢球的球迷也可以为了一场足球赛疯狂。H&M 这个借势可谓十分巧妙，能充分迎合一部分年轻男性的心理需求。

在电视剧《三生三世十里桃花》热播期间，魅族手机就借用这个良机发布了一款新品魅蓝 5S，并在直播上大力推广，大背景是三生三世剧中的经典场景，主播也身穿剧中人物的服饰，着实吸引了不少该剧的粉丝（见图 6-5）。

图 6-5　魅族手机在直播推广手机

寻找社会热点事件的途径有很多，判断一个事件是否可用，标准也不是只看其关注度有多高，关键还要看是否适合自己，尽量以自身所售产品或服务的实际情况为出发点。这需要在具体运用中善于学习和总结，结合多种渠道去收集、整合材料，尤其是可准确地表达出自身独特观点、思想和情感题材的事件。

那么，在用社会热点事件时，如何选择和鉴别呢？一则事件是否有价值，是有鲜明特征的，如相关性、重要性、知名度、趣味性等。具有的特征越多，价值越大，借鉴后造成的"晕轮效应"也越大。

1. 相关性

相关性是指事件与受众群体的相关度。一般是指心理上、利益上和地理上的联系有多少，联系越多，越容易被受众关注。比如，大多数人对自己的出生地、居住地，或曾经给自己留下过美好记忆的地方总是怀有一种特殊的依恋情感。因此，在选择事件营销时如果结合受众的地域性，就会更能引起这部分人的注意。

2. 重要性

重要性是指事件的重要程度。一个事件无论大小，首先要能够有影响力、有意义才能称得上是社会热点事件。判断内容重要与否的一个标准主要看其在社会上影响力的大小，一般来说，社会影响力越大、受众越多、价值越大。

3. 知名度

知名度是指事件中涉及的人物、地点和事件的知名程度，越著名，新闻价值越大。国家元首、知名人士、历史名城、古迹胜地往往都是出新闻的地方。

4. 趣味性

大多数人对新奇、反常、趣味性较强的事物比较感兴趣。有人认为，人类本身就有天生的好奇心或者乐于探索未知世界的本能。因此，在选择事件时应该坚持一个重要的原则，即这个事件一定要有趣味性，是受众喜闻乐见的、愿意付出时间和精力去了解的事件。

任何一个事件只要具备了以上其中一个特征就可以确定为热点事件，可以借鉴。如果能够同时具备其余几个特征则更好，说明这个事件肯定具有相当大的传播价值，自然也会成为大部分人竞相追逐的对象。

直播中点关注，送大礼

粉丝数量和黏性，是一个主播实力的象征。有了粉丝，主播才有了流量，才有了和平台乃至供应商谈话的资本，也才有能力和同类主播对标。当然，粉丝不会从天上掉下来，需要主播依靠自身的魅力和技能去吸引，也需要一些营销策略，而这策略包括话术和回馈两类。

话术，就是指如何用动听的语言让粉丝关注你，它是和粉丝沟通的基本技巧。积累粉丝是主播的核心工作，有的粉丝虽然喜欢你，可容易忽略了关注这个环节，有的粉丝是处于犹豫状态，所以主播的提醒就非常重要。当然，求关注的词句要有变化，不能像复读机那样反反复复都是一句。

图 6-6　直播中给粉丝送惊喜

1. 可爱型话术

"各位宝宝们，喜欢我的点关注啦，主播文能唱歌武能上房，关注我才有动力给你们表演文武双全哈！"

这种话术适合萌妹定位的主播，也是秀场直播常见的类型，缺乏新意，可以适量使用几次。

2. 说唱型话术

"主播人美歌甜性格好，关注等于捡到宝！"

这种话术不太受限主播的定位，只要说出节奏感就可以了。

3. "新来的朋友们，没点关注的请赶紧手滑点一下，点关注，不迷路"

这种话术适合在直播期间主播展示了一定的才华和特点之后，俏皮话带着真诚，基本上适用于各种定位类型的主播。

除了话术之外，如何给粉丝回馈就显得更"实惠"一些了。因为对用户来说，每个主播都会求关注，说的套话也大同小异，用户早就有些麻木了，这时候就需要适当的物质刺激。

物质刺激可以像我们之前提到过的，小红包可以，优惠券可以，产品也可以，它们各有利弊，主播可以根据实际情况来选择。

（1）红包

红包需要主播拿出真金白银，虽然单个红包的额度不大，但是凑在一起也是一笔不小的开支，所以新人主播还是量力而行。不过，红包这种形式诱惑力是最大的，它能直接俘获用户的好感，让他们觉得这位主播比较实在，会给他们留下良好的第一印象。而且，红包不需要准备工作，只要有钱随时都可以发，形式更为灵活。

（2）优惠券

优惠券的成本相对低廉很多，它不过是从主播原有的利润中抽取一少部分，不会带来运营资金上的压力，如果折扣足够大也同样具有吸引力。但是，如果主播没有正式带货，或者产品和粉丝群体不重合，优惠券就会失去吸引力，所以建议在直播带货时把它当成大礼包，在粉丝积累的初期不宜使用，这会让粉丝认为主播不够真诚。

（3）产品

产品虽然也是用钱换来的，但是和红包相比有一个明显的好处，那就是能够为直播带货起到预热的作用，因为粉丝在收到产品之后，主播可以随时寻求反馈，通过动员粉丝做评测来扩大产品的感知度，那么在日后带货时就等于做了前期宣传，确保成交率提高。

（4）会员

会员对直播用户来说是比较实在的回馈，特别是对新用户，他们刚开始观看直播，也许还没有做好花钱的准备，但是给了他们会员的身份之后，他们会增加停留在直播平台的时间，久而久之就会培养使用习惯和消费习惯。

（5）实物

这里所说的实物不包括产品，而是主播自己做的小手工艺品、小零食等，虽然听起来和"大礼"没什么关系，但因为是主播亲手做的，所以含金量很高，对粉丝来说也是一种特殊的荣耀。如果主播在起步阶段，各种资源比较匮乏的话，采用这种回馈方式也不错。

深圳有一位昵称叫 Ava Yuu 的美女主播，不仅长相甜美，还是一位出色的糕点师。为了让粉丝多关注她并保持高度的互动，她给粉丝回馈的大礼就是她亲手制作的各类点心，比如蛋糕、饼干、蛋挞等，如果是深圳本地的粉丝，主播还会亲自上门送礼物，这样的实物大礼远比发钱更让粉丝激动。

对新人主播来说，求关注不是丢人的事，必须时刻挂在嘴上。当然，如果是新用户第一次进入直播间，主播不宜上来就喊着让对方关注，因为这时用户对主播是怀着好奇心而非仰慕或者崇拜，你一句"求关注送大礼"

并不会产生多大的吸引力，只会让商业化的味道更浓，让人情味更淡。所以，主播应当是在展示了才艺，输出了优质的内容以后再求关注，这样用户对是否要关注你就有了明确的判断，粉丝的黏性也会更高。

主播敏敏是一位"95后"，她进入直播界两年多了，成交额从千元到万元，直播带货销售最高的一场是单品卖出300多个，虽然和头部主播无法相比，但她的经验对新人主播很有借鉴价值。敏敏在开始做直播时，因为不自信，说几句话就会脸红，也不懂得如何让粉丝关注自己。后来，敏敏在直播前学会了打草稿，把产品的特性和优惠力度都写清楚，让自己熟悉直播流程。当直播用户进入敏敏的直播间以后，她会先用"欢迎新进来的宝宝"来活跃气氛，给对方留下美好的第一印象，然后在直播期间会多次强调"没关注的宝宝，左上角点下关注"这句话，一场直播下来不知道要重复多少遍，但敏敏从来不觉得厌烦，因为她知道自己必须要留住人。因为敏敏在直播间设置了粉丝的专属福利——关注就有大礼，所以时间一长，很多新老粉丝都会蹲点她的直播间（见图6-7）。

像敏敏这样处于发展阶段的新人主播，一定要把身段放低一点，对新老粉丝以最真诚的态度去面对，在彼此之间建立强大的信任感。除此之外，真情的回馈活动要有规律地展开，这样才能让慕名而来的新用户不失望而归，自然关注的人也会越来越多。作为素人主播，不要觉得粉丝增长的速度慢，也不要嫌弃粉丝基数小，因为星星之火可以燎原，多一个粉丝，对主播而言就多了一分变现的机会。

图6-7 主播的话术技巧

围绕产品特点，展现产品优势

很多主播带货时，都绞尽脑汁地让粉丝尽快下单，不过往往事与愿违，因为有时候主播表现得越热情，粉丝越会觉得其中有猫腻，特别是黏性不强的新粉丝。当然，问题的关键还是在于主播自己：粉丝觉得你费尽口舌推荐的产品别人那里也有或者可以直接去线下购买，所以不会急着购买。反过来想想，如果你向粉丝充分展示出产品的优势，让他们意识到面对的是"奇货"，他们还会如此淡定吗？

营销学有一个专有名词叫作"卖点营销"，是刺激消费者购买欲望的一种营销方式，通过提高语言技巧，充分展示商品的卖点。一般来说，产品的卖点分为两种，一种是凭借专业的语言和演示才能表现出来，还有一种是依靠消费者易于理解的方式展示。准确地讲，卖点具有强烈的排他性，也就是两个同类商品不能具有相同的卖点，因为这就违背了卖点的核心概念：具有竞争优势。自然，卖点就是奇货最大的特征，也是决定直播带货是否顺利的关键（见图6-8）。

图6-8　产品卖点

美国有一个施丽兹的啤酒品牌，在20世纪20年代和十几个品牌竞争，业绩并不突出，在市场竞争中位列第八。当时很多啤酒的宣传语都是"我们的啤酒最纯"，却没有对消费者解释什么是"纯"。后来，施丽兹啤酒聘请了一个市场行销顾问，到酿制厂实地考察，得知施丽兹是从百尺深的自流井中取水酿酒，还开发出了最好的酵母，口感非常不错。于是，行销顾问对施丽兹的管理层说，应当将这些独特的酿制方法告知顾客，然而施丽兹的管理层却认为别的对手也是这么做为何要特意宣传？行销顾问说，现在行业内没有人这样表达过，而第一个说出故事的啤酒品牌才能打动消费者。于是，施丽兹采纳了行销顾问的意见，在宣传中解释了"纯"的真正含义，将这个被同行忽视的重点转变为自己的卖点，仅用了半年时间就从排名第八位升到第一位。

卖点一方面是与生俱来的，另一方面是通过包装和策划人为加上去的。对于第一种卖点，基本上不需要投入过多的精力，只要适当地展示出来就可以了。对于第二种卖点，主播就要花费心思展示给粉丝，将卖点融入进去。

以汽车广告为例，奔驰把"最尊贵"当成卖点，让购买者将自己定位为尊贵者，以此勾起他们的购买欲望；宝马则将"驾驶体验"视为卖点，让购买者产生体验驾驶的冲动；沃尔沃将"最安全"当成卖点，从生命安全的角度打动了消费者（见图6-9）。

在直播间里，主播要把产品的优势突出，应当注意以下三个方面。

图6-9　"最尊贵"的奔驰卖点

1. 准确地分析卖点，把优点无限放大

粉丝是否愿意购买无非取决于两个原因：一个是主播的表达是否充满感染力，另一个就是产品是否具有竞争力。只有做好这两项基本功，才能在沟通中巧妙地包装卖点，为你建立信息传递优势。简单说，就是把优点无限放大，而不要贪婪地想着列出十几条优点，一方面这是不现实的，另一方面也容易造成"信息过载"。因为每一款产品都有很多的卖点，如果全部介绍给消费者，反而会显得很普通。

李佳琦在推荐产品的时候，不会特意全面介绍所有的卖点，而是会主推一两个卖点，然后用各种方法去放大它们。比如，李佳琦会亲自试用，让身边的小助理配合化妆，一边展示一边讲解化妆品中的成分，有时候也会通过故事的方式代入，就是不断地激发粉丝的购买欲。

所以，李佳琦经常用"李佳琦自用款"进行推荐，让粉丝意识到产品确实够好，主播自己都在用，这样就让粉丝和主播之间的信任感增强了。

2. 最大化地激发购买的动力

其实，产品的特点从某个角度看也是缺点，这就需要主播如何去描述，如何让缺点变成优点，这不是忽悠粉丝，而是以更专业的视角帮助粉丝合理选购。从粉丝的角度看，主播不避讳提到缺点，也是对粉丝本着负责的态度。而且，当主播把产品的优缺点都展示出来以后，优点反而会更突出。

薇娅在向粉丝讲解产品功能的时候，都会多角度地呈现它们的优缺点，她从来不会夸张地表示产品适合所有人，而是会强调适合哪一类人群，甚至还会把"缺点"说成是针对某类人群的"优点"。有一次，薇娅直播卖花洒时是这样描述的：这个花洒的缺点是，不像其他花洒那样有喷射式的强大水流，水流有点点小……不过完全不影响，所以这种小水流比较适合女生，对皮肤很好……通过这样的特征描述，产品真实的一面展示出来了，粉丝也看到了它的优点，自然就有了购买的欲望。

3. 展示产品要多角度立体化

直播带货，虽然是动态的视频，但是对粉丝来说，产品的形象仍然是二维的，缺乏立体感，这和现在提倡的"沉浸式购物体验"相背离，那么在 VR 技术暂时无法应用在直播的这个时期，"多机位多镜头"就是最好的弥补办法。

罗永浩在第二次直播带货时，就加入了垂直俯视角机位，让粉丝能够更清楚地看到产品，而在第三次之后的直播中，罗永浩为了展示产品设置了至少三个机位，安排运营人员及时切换信号，让粉丝有了很好的观看体验（见图 6-10）。

图 6-10　商品展示

当然我们也得承认，对于缺乏大团队大资本支持的小主播，很难做到多人配合多机位这种模式，但是可以借鉴这种思路，尽量用低成本的手段去实现这种效果，因为只有全方位地展示产品，它的亮点才能被更好更快地了解和接纳，这对粉丝来说是不容忽视的售前体验。

主播在向粉丝种草时也要量力而行，不能为了带货而夸大其词，正如营销界中的那句名言："你不可能讨每一个人的欢心，你的产品或服务不能适用于每一个人。"所以，主播强调的产品优势应当是客观存在的，它所缺少的只是被发现的眼睛，而不是把地摊货吹嘘成高档货。

平心而论，这个世界上称得上奇货的商品并不算多，但是质量过硬的商品为数不少，只是它们对非目标人群来说没有那么闪光而已，所以一个成功的带货主播应当寻找购买商品后获得最大收益的客户群体。这样一来，即使产品的优势不是非常突出，但是也具备了满足特定需求的独到之处，这就建立了差异化的竞争优势，提高变现效率。

巧用"限时购"抓住用户心理

在我们身边，总有些人在"双十一"的时候，信誓旦旦地表示不会买一样东西，结果到了午夜时分还是把购物车的宝贝都结算了，于是大家亲切地称呼这些人为"剁手族"。虽然剁手族属于非理性的消费者，不过从心理学的角度看又是合乎人性的。

心理学家卡尼曼提出过一个"损失厌恶"的理论，是指人们在面临获得时总是小心翼翼的，不会轻易冒险，而在面对损失的时候会容易冒险。换句话说，人们对损失和获得的感知程度不同，在面临损失时痛苦的感觉远大于获得时的快乐感。如果商品没有被打折，那么大多数人是不会有任何感觉的，可如果一旦宣告库存不足，那么人们就会产生一种遭受损失的痛心之感。

这种心理特征，就是被营销界所利用的"产品稀缺感"。这么说也许陌生，可如果换成了限时特价、限时打折以及限时购，你就明白了。那么作为主播，应当利用这种心理现象，在直播带货时让粉丝认为你带货的产品很快就会"消失"，所以就要营造一种供不应求的假象。

图 6-11　消费心理

其实，限时购和饥饿营销的套路大同小异，比如苹果公司每次有新品发布的时候，几乎都会出现缺货、产能不足等局面，这不仅不能浇灭人们的购买欲望，反而会激发起大家对苹果产品的占有欲望。就连肯德基、麦当劳这样的快餐业，也会推出一些所谓限量的纪念礼物套餐，结果引起儿童的疯狂抢购。不要觉得消费者太冲动，当商家使出这种套路时，大多数人已经丧失了基本的理性思考能力，而是凭借一股冲动去抢购商品。

国外有一个叫理查德的人，是一个二手车销售员，每次卖车的时候，他都会把想要看车的人约在相同的时间和地点，这样做是为了营造一种竞争的气氛。通常，第一个到达的人会按照标准程序检查车子，试图找出一些问题然后压价，不过当第二个人到来之后情况就不同了，理查德会告诉那个人："对不起，他比你先到，能不能等几分钟，让他看完了再说，如果他不买我会让你看的。"结果，第一个来看车的人就没有闲心继续挑毛病了，因为他知道如果自己不尽快决定会被第二个人抢走。当第三个人来看车时，第二个人又会感受到莫大的压力，所以三个人当中总会有一个人尽快下定决心买车，这就是利用有限资源让用户竞争购买的成功案例。

那么，具体在直播间里，怎样操作限时购会实现"全民种草"的效果呢？

1. 营造氛围

人有气场，货有卖场。看看线下的实体店，限购时会是什么样的场景呢？写着打折的长条幅，持续播放的宣传喇叭以及四处奔走的导购……这种氛围感会强化"限时购"的紧迫和热闹。同理，直播间也是一样，虽然它只能以视频的形式投射到粉丝的眼里，但依然可以通过商品摆放、背景设计、灯光等元素营造氛围（见图6-12）。

渲染氛围就是吊足了粉丝的胃口，当直播间的背景墙上有着醒目的"十年等一回，卖完就关门"之类的加粗字体时，哪个粉丝不会动心呢？除了这些氛围营造之外，主播自己也要保持亢奋的状态，用超激情的口才动员大家购买。不要觉得这些很浮夸，其实当粉丝沉浸在这种状态时，是感受不到所谓的表演痕迹的，他们只会被调动起消费的热情。

图6-12　直播间设计

2. 配合相关话术

限时购期间，主播一定要抓住三个关键词：限时、限量、限价。别小看语言的力量，你说一次粉丝可能没什么感觉，可如果全场不断地重复，就会在粉丝的脑海中留下深深的烙印。在薇娅的直播间，她总是强调产品的核心竞争力——"性价比"，而且每一次就连她团队的小伙伴都在抢货甚至自己也参与进去，而相关配合的话术也很出彩："半价都不到，这个优惠价格，只有在直播间才能享受到，今晚我的直播间只有××份，抢完就没了……"以及"倒计时54321上链接，来，什么都不要管，拍两份，拍两份是最优惠的……"很容易就把直播间的抢购气氛推向高潮，让人难以抵挡诱惑。

限购话术，目的是让粉丝加强印象，让那些犹豫不决的粉丝尽快下单，所以薇娅很多时候都会这样问团队的人："还能加货吗？"简短的五个字就营造出一种销量火爆的气氛。

除了话术之外，现场的音效也非常重要。在薇娅的直播间里，总能听到淘宝用户最熟悉的旺旺信息提示音或者其他订单提示音，经过现场音箱的放大会强化这种紧张感和真实感，让粉丝产生"再不出手就被别人抢光"的焦虑。

图 6-13　直播促销

3. 促销逼单

为了让粉丝下定决心，单靠营销话术是不够的，还要拿出点实际行动"逼迫"大家下单。通常，大部分主播都会采取限制每款产品链接数量的套路，目的是让粉丝们明白，这次带货原则是"尽量一次卖空 + 有可能补货"，言外之意，补货的概率并不高，早出手早享受。当然，实际情况是货品不会一次性上完，而是会先上一批让大家尽快秒杀，然后适当地砍掉几个没有付款的订单，营造出一种货源紧缺的感觉。

除此之外，主播还可以通过一些刺激手段引导粉丝下单，比如不断地更新实时销量，一来让粉丝看到确实有很多人在抢购，二来暗示粉丝货量正在逐步减少。总之，一定要强调时间感，千万不要让粉丝产生"这不过是炒作"的想法，因为一旦大家冷静下来，这些营销手段就失去了原有的光环。

直播间举行限时购活动时，因为现场会比较忙乱，一个主播很难应付得了，必须配合副播或者助手协同作战，尤其是要引导粉丝下单和重复喊话，这些工作不能都交给主播一个人来做。因此，新人主播举办这种活动时要提前找好人，千万不要出现手忙脚乱的场景，那就为时已晚。

归根结底，直播带货针对的大多是冲动型消费者，所以限时购的套路虽然老却依然管用，换个角度想想，如果直播用户都是理性消费者，他们一定会先去看各种测评再决定买不买，而不会一头扎进直播间里。这种感性的消费理念，就是主播们要合理利用的变现工具。

第七章

变现——引爆直播带货的转化

通过粉丝打赏实现变现

直播能变身为新电商模式，完全是得益于庞大的粉丝数量。粉丝代表着什么？代表着潜在客户，代表着消费需求。当然，直播和粉丝最原始的关系和带货无关，而是粉丝对主播的那种纯粹的喜欢，它的直接表现形式就是打赏。

打赏，可以认为是内容付费时代的产物，从十几年前的网络小说付费制度开始以后，书友们就开始给自己粉的作者打赏，而在直播平台雨后春笋盛开之后，"刷礼物"就成了一个热门词汇，偶尔还会闹出一些土豪粉丝打赏的新闻。不过，这些都证明了一个事实：打赏是粉丝自发地对主播的回报，也是最容易直接采用的变现形式。

粉丝打赏的动机并不只是对主播的关爱，也有一些"事业粉"急于让自己的主播更有竞争优势，因为在很多平台上，主播收到的礼物数量能够决定他们在排行榜上的名次。所以，为了让自己支持的主播抢占鳌头，粉丝也会竭尽所能地支持。

打赏肯定不是真金白银，它不过是平台的一种虚拟货币，也可以是以礼物的形式存在，主播收到打赏以后，会根据平台规则获得相应的分成，这就完成了最简单快捷的变现。当然从平台的角度看，打赏也是为网站创收，所以平台会积极鼓励这种行为。

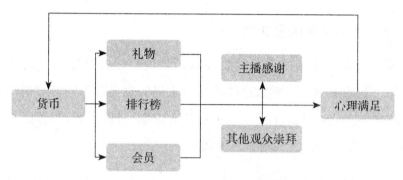

图7-1 主播打赏变现

那么，打赏对主播来说究竟有多么重要呢？一般来说，目前直播平台的收入构成主要就是打赏、广告和电商三种，而打赏是最重要的盈利来源。因为打赏是用物质刺激的方式把主播和粉丝关联在一起，所以如何动员粉丝打赏，还真需要一些技巧。

1. 照顾各个消费层次

礼物有免费的也有付费的，付费的通常从最少的1元钱到10元、50元、100元，再往上就是1000元、2000元，基本上都有封顶。所以主播不要小看小额度的礼物，它们既能满足低消费人群的需求，也能够帮助他们养成打赏的习惯，这才是持久吸引粉丝关注的方法。

2. 巧妙设置打赏数量

主播不能太直白地向粉丝索取，这样就强化了主播和粉丝之间的利益关系，不利于情感培养。所以最好的方式就是选择有意义的数字，比如让粉丝打赏"520（我爱你）"，让粉丝表达对主播的感情，这样谁都愿意，当然这主要是针对单价不贵的礼物，如果是金额较高的，可以选用"88"，让粉丝给自己一句吉祥的祝福，此外还有"666"这种全网通用的数字语言，用这些有符号意义的数字，就会淡化粉丝要为此付出的花费，还能增进感情。

3. 渲染专属礼物的重要性

很多平台都有主播的专属礼物，这是为他们量身打造的，比如卡通形象、主播喜欢的宠物等，那么这些礼物对主播的意义就不同，对粉丝来说也是一种特殊的表达方式，主播完全可以让大家刷一波专属礼物验证自己的人气，当粉丝群体行动时，没有谁甘愿被落下。

4. 以寻求刺激巧妙求赏

不管和粉丝关系多么亲密无间，总是求着打赏是不合适的，但是可以换一种委婉的表达方式。比如很多平台在打赏礼物的时候，能够在弹幕栏中出现礼物的提醒，这对于烘托直播间的气氛是很有帮助的。

5. 及时感谢打赏的粉丝

粉丝打赏，可不单纯是对主播的爱，也有一种虚荣心作祟，所以我们经常能够看到主播在收到价值不菲的礼物以后马上念出打赏者的名字并表示感谢，可以说这一瞬间带给粉丝的满足感已经不能用金钱来衡量了，所以有些平台也要求主播感谢打赏的用户，这就是一种良性的互动。

6. 用礼物名字关联粉丝

在直播的过程中，总会有一些粉丝比较活跃，那么主播可以通过他们的用户名、发言内容甚至揣摩出的性格特征把他们和某个礼物联系在一起，比如"至尊王者"或者"守护主播"等，让粉丝听了之后先是从头舒服到脚，然后就不由自主地送出同名的礼物，强化自己的身份。

粉丝打赏能够反映出主播和粉丝之间的关系，不仅仅是人气高低的问题，还能展现出主播的调动能力，当然这需要一点点地积累，和粉丝之间的良性关系也是逐渐培养的，在关系还不够稳定之前，有些动员打赏的套路要谨慎使用。

粉丝打赏的威力有多大？虎牙在2019年11月年度突围赛总决赛期间，因为参赛的主播都特别在意这场比赛，所以每次直播的时候都积极地给自己拉票，而在场外，粉丝和粉丝之间也进行了较量，因为他们知道这代表着自己粉的主播的前途，结果在最终统计中，排在第一位的超级土豪贡献了6709万的战力值，这是一个什么概念呢？相当于人民币671万元！而位居第二的战力值也达到了5424万，相当于542万元！

粉丝，是主播最早的支持者也是最主要的拥趸，他们可能存在着消费能力的差别，也存在着关注时间早晚的区别，不过对主播来说，他们都是一个整体，一个人的积极行为会带动其他人，而更多人的行为会带动主播的人气，进而影响整个平台的氛围，所以抓好粉丝就有了流量，就有了变现的最强通道。

平台的佣金和任务变现

如果说打赏是粉丝对主播的回报，那么平台对主播的回报就是佣金了。

有人觉得，赚佣金有什么意思呢？这是在给自己拓宽一条新的出路，因为现在做直播的平台多如牛毛，大大小小的主播也是数不胜数，粉丝总量就是那么多，你未必能都抓在手里，所以，适时地选择和卖家、平台合作，赚取佣金，也是一条不错的出路。而且，赚佣金的同时也是在借势，利用卖

直播带货

家之前积累的客户和平台自带的流量，为自己吸粉，也是一条捷径。

如今不少卖家都会选择有人气的主播进行合作，通常他们只出直播专场费用，不再设置淘客佣金提成。既然主播如此有市场，那就应该在起步阶段把自己打造成合格的带货主播，以便将来成为卖家心目中的"带货之王"。

1. 有鲜明的人设标签

作为主播，很难预料自己未来会和哪一类产品挂钩，除非你有李佳琦那样的专业知识或者薇娅的从商经验，那么最好的方式就是打造鲜明的人设，比如较高的审美情趣、蠢萌的吃货属性、游山玩水的技能等。有一定的偏好倾向，这样看起来是在限定自己的发展路径，但其实这是在朝着固定的几个方向发力，这样在卖家或者平台选择你的时候会有一个清晰的记忆点。

2. 培养潜在客户

粉丝和客户并不是绝对重合的，有时候反而会分道扬镳。林氏木业曾经就找来李易峰做品牌代言人，但其实这个营销定位并不好，因为李易峰的粉丝多是少女，而买家具的主力是少妇，这在变现的时候就会出现转化脱节的情况。同理，如果你打造了一个性感主播的人设，那么粉你的大多是宅男，可如果你日后发力的方向是美妆，这就出现了粉丝和客户不重合的情况。所以，结合既定人设培养潜在客户，是从一开始就要规划好的。

3. 强大的适应能力

不同的平台直播氛围不一样，所以在有精力有时间的前提下，可以多去几个平台做直播，熟悉不同环境下的规则，了解粉丝的特征，这样未来转战互联网你就能打得得心应手了。

黄小敏是出生在江苏南通的"80后",毕业后在淘宝开了一家"猫咪森林"的店铺,2015年这个店铺走向了巅峰,年成交额5000多万元,可就在这时她做出了一个让所有人都想不到的决定——关掉店铺,自创品牌Dokky,并在上海这样寸土寸金的地方开了实体店,然而一年的成交额只有400多万元,一年半的时间让她亏损了将近1000万元。2018年年底,黄小敏不得不关掉店铺,做起了直播达人,再一次找到了人生的巅峰。

黄小敏凭借着10多年在服装行业的经验和对产品的把控,在"双十一"创造了1.2万粉丝,800多万元销售额的奇迹。后来,她直播一天的收入就相当于Dokky一年的成交额,所

图7-2　主播热度排名

以很多大品牌都找她带货,比如星期六女鞋、大嘴猴、巴拉巴拉童装等,自然,黄小敏赚取的佣金也是相当可观,让她的自创品牌得以继续维持下去,等待花开香溢的那一刻(见图7-3)。

看完了励志故事,我们再来看看赚佣金的具体流程。

以淘宝的直播佣金为例,它是通过直播的方式推广宝贝,依靠主播的动员能力,让买家通过观看主播的直播节

图7-3　黄小敏在介绍服装

直播带货

目然后进入店铺购买宝贝，也可以直接购买节目中推荐的宝贝，无论是哪种方式主播都能够获得佣金。当然，前提是交易必须成功，如果出现了取消订单或者退货的情况那就不算数了。

一般来说，淘宝直播的佣金是客单价的 (实际支付金额)5% ~ 20%，如果主播是通过阿里 V 任务那就可以单独收取直播任务费用。

对于平台来说，主播是创收的主力，那么留住优质的主播靠什么？就是让主播们赚到钱！以淘宝直播为例，现在已经由之前的 1 ∶ 2 ∶ 7（10% 归阿里，20% 归机构，70% 归主播）调整为 10% 归阿里，20% 归淘宝直播，70% 支付给淘宝直播机构，由机构分配给主播。这样一来，有利于吸引一些网络红人加入淘宝直播，增强二者之间的黏性。

那么主播怎样和平台或者商家合作呢？这个并不复杂。当你足够有人气以后，商家会主动找到你，然后通过私信的形式和你联系，如果你有兴趣的话可以回复，具体情况看双方怎么谈了。同理，平台找上你也是如此，不过可能门槛会更高一些，所以在被动等待别人找上门之前，还是专心把自己的直播做好才是王道。

相比之下，和卖家直接签合同赚取佣金的，可以省下中间环节，对于怕麻烦的人来说是不错的选择，这样合作的关系比较简单，可以和卖家单独结算，固定为几类品牌做直播，也能积累一定的粉丝数量。当然，和平台合作可能会相对复杂一点，但是一旦合作顺手了，平台给你的推荐商家就是比较优秀的企业。总之，看个人的选择，也要看你处于什么发展阶段：如果是起步阶段人气还不够，一般来说很难被平台力捧，不如老老实实地跟商家合作，如果已经积累了大量的粉丝，选择平台显然能飞得更高。

除了赚取佣金之外，还可以完成平台发布的 V 任务。

阿里 V 任务，是由阿里巴巴集团官方推出的内容合作交易平台。商家通过这个平台下单，在下单的过程中就能选择直播那一项，在 V 任务平台中挑选符合产品特色的主播，然后与主播取得联系，全程都离不开 V 任务这个平台，这是为了保障商家和主播的共同利益。通过这种方式就是以做任务的形式变现了。需要注意的是，如果主播选择了做任务变现的方式，就要当"守法公民"，一旦在平台之外接单就可能被取消权限。

当你被商家选中之后就开始正式做任务，这里涉及一个重要的环节就是提交作品，这个作品是以内容链接为准的，不过因为很多直播都是用手机来看操作，不方便直接获得地址链接，所以最简便的方法就是主动联系商家，通知对方你的直播时间，而且要在商家设置的任务时间里完成任务，在直播的过程中要截取直播的效果图，比如观看人数、点赞数的直播页等，然后再发布一个帖子，在帖子中写明直播时间并添加直播效果截图，最后通过阿里 V 的任务后台提交作品并提交帖子的链接地址。这样，你就能拿到任务变现的第一桶金了。

无论是赚佣金还是做任务，主播都不要心急，也不要轻易主动去联系你喜欢的商家，因为内容才是决定你价值的关键而非态度，把直播间这块阵地坚守住，源源不断地吸粉过来，自然会有人把目光投向你。

限时扫码进商城享优惠

挥泪大甩卖，清仓处理价……这些实体店时代的惯用营销手段，随着互联网的发展也成为一众网店的销售模板。不过，在网店多如牛毛的今天，消费升级让买家更看重品质，理性回归也抑制了一部分用户的购物冲动，那种单纯依靠打折优惠的营销思路也不管用了。但是，直播电商模式的诞生，似乎又让陈旧的营销模式老树发新芽。

2020 年 4 月 1 日愚人节当天，被称为手机界最会说相声的罗永浩，自带硬核的 PPT，来到直播间玩起了跨界带货。没有颜值，没有 OMG，罗永浩只是看淡人间烟火地说着"我不赚钱，我就交个朋友"，结果就引来了 4800 万人次的围观。整整 3 小时的直播，罗永浩前前后后展示了 22 件商品，最终获

直播带货

得 84.1 万个订单，1.1 亿元支付交易总额，转化率高达 1.7%。

虽然罗永浩不能算直播达人，但是过去在锤子手机的发布会现场，罗永浩的定位那可是顶级的主播，所以面对镜头游刃有余，不少人都表示看他的直播就像是在看春晚，热闹非常。

当然，让罗永浩再次登临"销售之神"宝座的，还是这一次直播活动中的优惠政策，比如

图 7-4　罗永浩带货小米"巨能写"中性笔

小米新近推出的"巨能写"中性笔，价格便宜且数量有限，通过其他渠道很难购买，所以下单尝鲜的消费者不计其数 (如图 7-4)。

图 7-5　罗永浩在直播中试用产品

带货、优惠、限时、扫码，这些和销售有关的词汇，如果零散地放在一堆儿，可能还真没有什么诱惑力，但是如果和直播串联在一起，那就能发挥无穷的吸金能力，主要有以下三点原因。

1. 人为制造营造"消费狂欢"

每年的"双十一"和"6·18"，都是网民的消费狂欢节，当然一些传统节日也在其中，不过前两个节日算是专属互联网的营销重头，所以每到这个时期各大电商平台都铆足了劲头狠狠捞一把。不过每半年才有一次的消费狂欢，对那些"剁手族"来说并不过瘾，所以通过直播带货的方式搞优惠促销，相当于给"买买买"一族放飞自我的机会，满足了他们的消费欲望也填满了自己的荷包。而在这个买卖过程中，充当情绪调动者的主播就非常重要，他们能够让消费者略微捂紧的口袋再度打开，以"不买就没了"的呼声让他们头脑发热，这一点，只有直播界才能准确发力，因为主播和粉丝的天然强互动让人无法抵挡。

2. 粉丝助力营销

以往电商搞优惠打折的套路，靠的是自身平台带来的流量，那么这就存在着顶级流量池和末端流量池的区别，销售战绩可能存在着天壤之别，而且，平台和用户的关系很难培养，因为一旦用户发现了有更便宜的渠道之后，本能地就会"叛变"，平台也没有更好的办法。但是主播和粉丝的关系就不同了，如果主播足够有魅力，一次直播就能牢牢抓住粉丝的心，那么接下来的营销套路就十分管用了。通常粉丝轻易不会"背叛"主播，只会跟着主播的思路，顺着流量引导的方向痛快下单，而所谓的优惠折扣，在主播自带的光环下，会变成回馈粉丝的实打实的行动，谁能不动心呢?

3. 主播的积极主动

如果是电商开展促销活动，多少还是存在着风险的，同样，小规模的网店也经不起大力度的限时特价，但是对主播来说，这些风险他们是不需要承担的，他们只要贡献出自己的人气，就能帮助商家消化库存，还能趁机来一

直播带货

波宣传增加粉丝量。所以，优惠特价活动，主播的参与性总是很高的。

2020年4月2日，"淘宝带货一姐"薇娅做客杭州的复地·壹中心，开始了直播卖房，这是线上直播卖房的第一次尝试。消息放出之后，很多人大跌眼镜：房子也能在线销售吗？于是有人认为这不过是搞噱头，可事实上如何呢？1900万人观看这一次直播，截至4月9日，累计成交15套，合同金额超2000万元，来访成交率近50%，而且这些数据还在增加。

薇娅的号召力自然不必说，但也要承认，没有限时优惠这些政策，很可能围观的人不少，真正掏钱的不多，因为这一次薇娅合作的项目是60平方米和110平方米户型的公寓。目前均价2.4万元每平方米。所以，这一次直播卖房，薇娅销售的是该公寓的购房券，销售政策是：消费者以521元的价格购买权益券，凭券能够享受8.3~8.4折的购房优惠，另外还能免费获得两年的物业管理服务。这些权益券从4月2日拍下后的30天里，可以随时申请无理由退货，如果是到期之后仍未消费则全额退款。

通过这些政策可以看出，消费者不买都感觉吃了大亏，所以500张优惠权益券，3秒就被一抢而空，由此我们可以总结出"顶级流量+优惠政策"才是引爆消费狂潮的关键。

当然，直播销售优惠券本身也确实包含了炒作的因素，特别是对于大金额的交易，消费者还是会冷静下来再出手，并不能完全由主播来决定。但是对主播而言，借助优惠折扣带来的高关注度，能够提升自己的知名度和曝光率，这笔无形资产才是最重要的，因为它很容易在未来以高额的出场费、代言费或者佣金的形式变现。所以，配合商家的打折优惠活动，对主播来说是稳赚不赔的生意。

既然要蹭打折优惠的热度，那么主播就不能只把目光锁定在线上，线下同样大有作为。

2020年的女神节，原本算不上消费狂欢日，但是受到疫情的影响，每个节日商场都格外重视，于是为了提升销售业绩，不少商城也纷纷玩起了直

图 7-6　商家直播

播送优惠券的活动。比如西单大悦城、君太百货、首创奥特莱斯等。以北京首创奥特莱斯为例，当天针对运动品牌进行销售，购买三件商品就能享受商场价格的折上五折，而西单大悦城推出了限时抢购 100 元无门槛代金券的活动，君太百货则是推出黄金每克减 30 元等活动。

粗略统计，北京首创奥特莱斯的直播间，从下午 3 点到 4 点左右，观看人数维持在 250 人左右，虽然这个数据无法和正宗的直播电商相比，但它恰恰意味着主播有进步的空间：如果你有 1 万个粉丝，召集 1000 人进入直播间，不管最后的成交率多少，商家也会感激你带来的流量（见图 7-6）。

在直播带货成为线上和线下的共识之后，主播自然应当聚焦在这块市场，不断扩大自身的优势，在吸粉的同时提高粉丝活性，有了活跃度，主播就有了和商家谈判的资格和底气，不管是植根于线上还是回归线下，有人的地方就有市场，有人的地方就有机会，把他们转化为主播个人 IP 的助燃剂，迟早都会成为直播界的新星。

开网店，利用粉丝量带动销量

曾几何时，网店的兴起吸引了消费者的注意力，低廉的成本、便宜的价格、随心所欲的选购时间，让实体店难以招架。不过在今天，网店的生意

直播带货

也不如以前，准入门槛的提高，竞品的大量出现，各种平台分流，加上用户注意力的稀释，让网店昔日的辉煌渐渐不再，甚至像传统电商一样被贴上了"OUT"的标签。

网店经营越来越艰难的现状，让一些卖家开始寻找新的思路，那就是通过直播来推广店铺，自然，植根于淘宝平台的首选淘宝直播。那么，直播和传统电商相比有哪些优势呢？

传统的网店，向消费者描述产品主要是通过图文搭配的形式，外加客服人员的介绍，后来出现了视频，虽然从形式上有所丰富，但是对消费者来说还是不够全面，不过是从平面橱窗变成了立体橱窗，总觉得缺少了什么。

那么，到底缺少了什么呢？导购。

无论是商场还是门店甚至是街边摊，都离不开导购的存在，虽然有些消费者在选购时比较介意导购在旁边喋喋不休的介绍，但是真有了心仪的产品之后，还是希望通过导购进一步了解，以确定是否要购买。同理，网店也离不开导购，但是又不能像线下那样聘请导购在线讲解，一来不能真正实现点对点，二来缺乏信任度，不过是图文视频介绍的升级版。

那么，消费者到底需要什么类型的导购呢？一个让他们信服还能对产品有着充分了解的人，最关键的是，能够调动他们的消费情绪。因为一旦情绪产生了波动，才能有购买的冲动，这比动辄上万的文字介绍和美图的效果更好。所以，能够担当重任的非主播莫属了。

抖音上有个叫"小安妮大太阳"的知名网红组合，他们是一对神仙颜值的情侣，拥有近300万的粉丝，经常发布个性有趣的短视频，也会进行直播与粉丝实时互动，他们两人创作的手势舞成了抖音界的一股清流。当然，人家在跳舞之外又干了什么呢？比如小安妮利用自身的知名度和海量的粉丝，给自己在淘宝上开的服装店打广告引流，获得了不少的收益。

既然是为网店引流，那么俘获什么类型的粉丝就非常重要，如果你卖的是母婴用品，锁定在男性用户身上效果是不明显的，所以一定要让粉丝和用户高度重合才行。"小安妮大太阳"自创的爱的手势舞，符合年轻男女的喜好风格，清新且有节奏感，适合作为时尚方向的产品输出，这和他们店铺里出售的情侣装配合得相当默契，引流自然不成问题。

直播为网店引流，这里分为两种情况，一种是自己拥有网店，另一种是帮助别人的网店引流。可能对一些人来说，经营网店比较麻烦，不如跟别人合作更方便，这也的确是事实，特别是新人出道的主播，时间和精力有限，专注做好直播，经营好粉丝比什么都重要。只要人气上来了，自然会有网店店主找上门来。不过从长远发展的角度看，为自己的网店引流显然收益更大。

一个有流量的主播，必然会有一个讨人喜欢的人设，可以是幽默风趣的，也可以是博学多才的，甚至可以是毒舌犀利的，这就是主播的网络形象，甚至可以看成一个 IP，如果为别人的网店代言，可能会存在人设不符的情况，比如一个小清新的主播为五金电料引流，就显得不合适，虽然这种事情发生的概率极低，但不重合的确是常有的事情。从另一个角度讲，一个成功的网店也是有人设的，比如精益求精，比如服务良好，如果是主播自己的店，风格必然存在着延续的关系，那么当粉丝被导流到你的网店以后，就能通过新的场景强化主播的个人 IP，推动主播走向头部主播。

因此，最适合的发展路径就是成名前不必经营网店，有人气之后尽量自己开店，一来能够强化身份识别，二来也能拓宽生存空间。

斗鱼的"339 户外"就是如此，他们是一个组合，也被称为"户外一哥"，是由来自重庆的一对表兄弟付海龙和潘彬组成的。虽然他们在斗鱼上的粉丝有 100 多万，但是他们一直认为直播只是副业，网店才是他们的主业。他们为什么这么火呢？因为他们是以真实的野外生存为直播卖点，每次在野外一待至少 7 天，饮食住宿全靠自己解决，因为两个人的性格都比较耿直，所以很快就吸引了大批的粉丝追随（见图 7-7）。

直播带货

图 7-7 户外直播捕鱼

和其他主播不同的是，付海龙和潘彬主打正能量，他们在 2017 年走入军营大门，参加了由中央网信办移动网络管理局指导，湖北省军区新兵团和斗鱼直播共同主办的大型主题宣传活动。2018 年，这个组合又参加了由国内知名军事节目主持人罗旭、微博军事、军武、铁血等军事航空嘉宾出席的活动，再次让他们吸了不少粉丝。

借助庞大的流量，"339 户外"年入百万元以上，但是显而易见，随着粉丝数量的持续增长，网店的销量也会以正比的方式增加。

其实，现在已经有不少人达成了共识：网店 + 网红 + 平台 = 卖货。

这里所说的网红，主要就是靠直播和短视频起家的主播和博主们，甚至我们可以大胆地预言，这个公式在未来不是最优选择，而是必需选择，因为一个默默无闻的网店店主，单靠过硬的产品或者陈旧的线上营销手段，获客成本太过高昂，结果还可能大失所望。所以，提升粉丝量就是在提升销量，在精力有限的前提下，做好直播的确是比做好网店更容易找到破局的关键。

虽然粉丝是直播带来的，但是主播既然有可能经营网店，那么最好提前规划一下，最大限度地让网店形象和个人形象贴合，因为即便你日后有了人气，在涉及运营和融资的时候，网店的类型也会影响实际的操作情况。我们还可以换一个角度思考，如果你本来对直播没有兴趣，而是一门心思开好一个网店，那么在成为成功的店主之前，你必须先成为一个优秀的主播，因为电商直播就是未来的趋势，只有顺势而为，才能抓住时代的机遇。

卖会员，结合线下活动变现

虽然线上营销吸引了消费者的大部分注意力，但是线下营销仍然是不能放弃的分支，特别是对新人主播来说，拓宽营销辐射面，也是在为自己赢得更多的流量。

从商家的角度看，利用主播的人气在线下造势，也不失为提高营销效果的手段，因为线下有着沉浸式的消费环境，能够真正给予用户较高的体验感，特别是需要实际接触的产品，比如餐饮和部分娱乐场所，以应用场景为依托，主播走到调节气氛、吸引流量、带动消费需求的"现场带货人"，往往能够收得奇效。

2020 年初，上海知名夜店 TAXX 酒吧，在抖音进行了一场别开生面的直播蹦迪，连续 4 个小时霸占抖音直播榜。第二天，One Third 酒吧也紧随其后，在抖音直播蹦迪 5 小时，累计在线人数超过 120 万人，掀起了全国各大夜店"云蹦迪"的热潮。

从表面上看，疫情期间，线下的娱乐行业受到冲击，然而这些夜店通过直播蹦迪，不仅让宅在家里的年轻人参与其中，还获得了不菲的收益：TAXX 的上海抖音账号 4 小时打赏总收入超过 70 万元，One Third 酒吧账号 5 小时打赏收入超过 200 万元。

直播带货

借助"云蹦迪"的热潮，主播们也纷纷出手，企鹅电竞的"户外一哥"帝师，包下了北京三里屯的一家酒吧，双层舞台搭配多个屏幕，还邀请了专业的 DJ 和舞者，让观众们体验在线蹦迪，创造了最炫酷最燃爆的体验。

虽然粉丝们无法亲临现场，但是凭借帝师的强大人气和动员能力，全程都在现场调度甚至还和网友们隔空干杯，一直情绪饱满地坚持了三个小时，这样卖力地表演，粉丝们也非常感动，直播间的弹幕密密麻麻，最后帝师自己都说，这是一种全新的体验（见图 7-8）。

图 7-8　线上"云蹦迪"直播

虽然叫"云蹦迪"，但是这一类的直播活动仍然离不开线下，线下作为气氛调动的关键而存在，如果主播不能布置好现场，不能和现场的工作人员沟通清楚，那么在实操环节肯定难免翻车，那就会影响到直播效果。所以，不论是现场的粉丝还是线上的粉丝，主播最重要的是给予他们最大的体验感，当粉丝们的情绪被现场点燃了，变现也就不是什么难事了。

当然，直播带货未必卖的都是实打实的产品，也可以卖会员。

在咖啡界有着"星爸爸"之称的星巴克，每年 12 月都会开展一个"会员夜"活动，邀请资深会员和咖啡爱好者聚在一起共度圣诞。通常都是在线下作为主阵地的，不过影响力也比较有限。

2019 年 12 月，星巴克邀请李佳琦进行直播卖咖啡活动，为了吸引广大消费者，做了一系列活动来宣传这次特殊的"会员夜"，比如通过"点亮星愿"让大家获得线上直播的邀请函以及赠送精美的小礼品等，卖咖啡卖会员，直播总观看人数创了淘宝直播中店播的纪录，完美地输出了星巴克的品牌文化（见图 7-9）。

图 7-9 星巴克直播

2020 年突如其来的新冠肺炎疫情，从客观上推动了直播行业的发展，主播的营销作用越来越凸显，虽然线下活动受到一定程度的影响，但是以直播的形式卖会员资格却成为不少行业的自救之道。最典型的就是健身行业了。本来，健身是依赖于线下的消费场景，但是对于有健身需求却又不得不宅在家中的健身爱好者来说，花钱买会员获得教练的线上指导，也能弥补不能去健身场所的缺憾。

国内比较知名的青鸟健身，目前已经推出了抖音直播和 App 直播，消费者可以通过会员账号登录 App 观看课程，而非会员也能通过社交媒体观看直播并购买会员，而其他的健身俱乐部比如一兆韦德、威尔仕等也陆续通过直

直播带货

图 7-10　健身直播

播卖会员资格（见图 7-10）。

一位叫杨威的健身主播，他原来是一名运动员，拥有 3 个奥运冠军、7 个世锦赛冠军头衔，2009 年退役后尝试转型，开过汽车修理厂，后来又创办了和老本行有关的快乐体操比赛，培养小朋友对体操的兴趣，最后在 2019 年在武汉成立了少儿体操俱乐部。

杨威还参加了由 PP 体育推出的"健身"频道直播节目，单场次健身直播同时在线人数破万，不仅助力了"居家抗疫"的全民活动，也为他自己的体操俱乐部获得了商业变现。

无论是直播卖会员资格，还是结合线下活动，考验的还是主播对机会的把握能力，因为从目前的大营销环境来说，线下营销虽然不能称为过时，却存在着成本高、操作复杂等特点，对于传统的线下商家来说，并非最优选择，因为大品牌并不缺少线下门店，更看重的是如何借助主播自带的流量。所以主播在和大品牌合作时，要特别展示出带动粉丝的能力，通过助力卖货、卖会员资格的方式帮助大品牌提高市场知名度。

如果主播面对的是新兴的小品牌，出于营销需求要开展线下活动，而对方很可能缺乏这方面的能力，那么主播的现场把控技术就显得尤为重要，能否把注意力聚焦在自己和品牌身上，能否灵活应对现场的各种突发状况，将直接决定你的线下商业价值。毕竟对小品牌来说，他们虽然渴望流量，但困于资金实力不太可能邀请头部网红，主播自带流量少也很有限，所以品牌更在意的是主播能否在线下配合品牌做营销并在受众当中推广，这个能力就更为重要了。

无论是与大品牌还是小品牌合作，为了更好地适应线下活动，主播应该在平时多积累线下活动的主持能力，比如出任婚礼庆典的司仪，参加社会公益活动，参加企事业单位的庆典活动等，有了这方面的经验，再借助自身的流量，就能成长为一个合格的销售型主播。

超级网红吸引商家投资广告

罗振宇在《罗辑思维》中做过这样的比喻：过去的时代是金字塔时代，只有走上塔尖才能出人头地，现在的时代是狼牙棒，不管你在哪一头，只要钻出来冒了尖一样能名扬天下。看看如今人气高的超级网红，有高颜值的俊男靓女，也有相貌平平的才男才女，更有连吃喝都与众不同的大爷大妈……所以在直播界，不必太在意你走什么路线，关键是找到一个点，把自己打造成超级网红。

当然，成为超级网红也要看机缘，我们能做的就是让自己朝着这条路走下去。

"集美貌与才华于一身"的papi酱因为趣味短视频火爆，后来也做过直播，虽然不是真正依靠直播走红，但是作为超级网红的papi酱，也成了众多商家聚焦的热点人物，她曾经一条广告卖出去2200万元。

商家能够舍得投资这么多钱，完全是因为看重她网上自带的流量。2016年，papi酱第一次做直播的时候，场面有多么火爆呢？当时的几大平台如一直播、美拍、斗鱼、花椒、熊猫TV、百度视频、优酷直播、今日头条等八大平台都同步了这次直播，可见其影响力绝对是超级网红。当然，这次同步直播也是收获满满，当天晚上10点，papi酱的直播为美拍带来超过1亿的点赞，全网在线人数超过2000万，微博话题#papi酱直播#也一举突破了4亿的阅读量。

像papi酱这样的超级网红，能够获得如此高的人气，是因为她对自己的清晰定位和高质量的内容创作。同理，对于主播们来说，虽然不能像短视频那样输出高质量的内容，但是给自己一个清晰定位并通过这个定位产生内容。

超级网红，并不仅仅是名气大，而是要有突出的特点，要让你的内容也好，风格也好，别人无法复制。如今有名气的网红主播都是团队运作，如果你没有特色和绝活儿，优势很容易被别人复制，流量也会被吸走，何谈超级呢？所谓超级，一定要在某个领域掌握话语权，哪怕会让你缩小投放的范围，也必须把强度加上去，因为你的影响力才是决定商家是否愿意让你发广告的决定性因素。

网红，核心定义是在网络上爆红的人，听起来像是废话，却揭示了一个真相：主播不仅要自带网感，还要对互联网有一定的了解，包括对网络上各种信息咨询的嗅觉和捕捉能力。像 papi 酱的吐槽视频，都是能及时抓住热点，趁着热度未降马上输出，所以关注度高，话题性强，人气聚足了自然不愁广告了。

1. 聚焦注意力

如今是一个注意力分散的时代，吸引消费者的信息很多，同样竞品也很多，而在传统广告时代，品牌广告需要在一个月内触达用户 6 次甚至更多才可能改变他们的心智，而且这本身就是一笔巨大的投入。在移动互联网时代，消费者的注意力被进一步分散，所以找到合适的网红就能获得绝佳的流量池。

从这个角度看，主播先别急着怎么吸引商家，而是先把粉丝的注意力吸引过来，有了粉丝的关注，自然就有商家的关注。

美国有一个叫瑞恩的小朋友，虽然今年才 9 岁，可是他在 YouTube 上却是一个超级网红，从 2015 年创立账号至今，拥有 2140 万粉丝，而且他的吸金能力超强，单是 2018 年就赚了 2200 万美元（约人民币 1 亿 5662 万元）。为什么一个小正太有这么大的吸引力呢？是因为他成功吸引了粉丝的注意力——点评分享玩玩具的过程（见图 7-11）。

图 7-11　超级网红瑞恩

　　像瑞恩这个年纪的孩子，都会有很多玩具，有的操作简单，有的功能复杂，家长也不能每一款玩具都买给孩子，可能会遇到让孩子不开心的，而瑞恩就是从儿童的视角出发，以玩具为核心，兼顾食物，对它们进行详细的点评，充当玩具界的 KOL，加上一些有趣的科学小试验，自然就把同龄人的注意力都吸引过来，连带着的就是家长们的注意力。所以只要是瑞恩点评过的玩具，都会成为当季的爆款被抢购一空。

直播带货

图 7-12　瑞恩和父母在直播

2. 利用模仿效应

每个人看似独立自我，其实又是擅长模仿他人，当有人尝试使用一款产品的时候，身边的人即使没有马上购买，也会耐心地当一个吃瓜群众，看看最后的结果如何。那么，如果你有一定的表达能力，又能拉近和吃瓜群众的距离，让他们模仿你只是分分钟的事情。所以从这个角度看，我们每个人都有潜在的成为超级网红的特质，无非是谁来唤醒、能不能唤醒的问题。

快手上有一个"杨哥说房车"的大 V，粉丝有 60 多万，作为一个小众圈子来说已经十分可观了，直播间的人数也能稳定保持在几百人，虽然数据看起来不是很大，但是客户转化率很高。每次直播过后，总有粉丝主动加老杨的微信询价，甚至还有土豪直接打款订车的，所以老杨每年的销售额高达几千万元（见图 7-13）。

老杨的成功依靠的就是模仿效应，因为他自己就是国内最早玩房车的一批人，从 2008 年开始每年都会带家人开房车出游几次，所以他对房产了如指掌，堪称骨灰级玩家。在直播的时候，老杨不仅能够充当销售去介绍房车的性能，也能从用户的角度去评价房车，这就像一个时尚博主的穿搭也会被粉丝关注一样，老杨以车友的身份去引导消费者选购房车，这就有了很强的说服力，和西装革履的汽车销售的推荐完全不同，消费者愿意去模仿，去享受驾驶房车的快感，所以广告也是接到手软。

如果你是一个新人主播，那么也可以选择一条捷径，那就是多关注小众领域，因为小众领域没有太多的品牌发力，虽然受众基数会小一些，但是成功率很高，容易从底层走向高阶。

归根结底，不管你凭借什么本事吸引粉丝消费，其实都是在调节他们的情绪，粉丝的情绪高涨了，才会有消费的冲动，其实这也是直播带货的精髓：看起来是理性地通过别人的测评来选购，其实很多时候还是有情绪主导，对主播或者产品产生了情感，才有了消费行为，而这才是你成为超级网红的关键。

图 7-13　直播销售房车

直播中巧妙透露信息直接卖货

在直播界，最不缺少的就是奇迹了，一场直播卖掉成千上万件产品，这在线下简直难以想象。可是，直播界也有不少失败的案例，同样是口干舌燥地推销几个小时，成交量却惨不忍睹，任务完不成，变现之路到底卡在了哪里？

一句话，还是笨嘴拙舌，再加一句话，思维不够开阔。

其实，直播带货和线下销售本质上是一样的，它需要结合消费者的心理特点推销。

直播带货

为什么叫"带货"而不是"卖货"呢？带货的聚焦点是产品真的好，就像李佳琦说的那样 OMG 太好看了吧买它！而卖货就是直接调动粉丝的消费积极性。

孔婧是淘宝上的带货达人，荣获"2018年度新锐主播"的头衔。她20岁开始北漂，积累了7年明星造型师的经验，甚至还在欧洲学习过时尚买手这样的冷门专业，各大时装展会总有她的身影：北京、上海、广州、首尔、东京、巴黎等，虽然听起来光鲜亮丽，但其实也是在全世界漂着，没有找到属于自己的归属感。

在孔婧33岁的时候，一个偶然的机会让她开始给主播们把控造型，有朋友们就劝她自己也走向前台。于是，孔婧把自己积累多年的时尚知识和营养知识分享给大家，让它们发挥最大的能量，结果孔婧的粉丝群体相当庞大且覆盖面广，最小的是十几岁的小孩，最大的是70岁的老人。

那么，孔婧是如何斩获这么多的粉丝且老少通吃呢？

1. 以传授知识为主

粉丝关注主播，不是只看对方的脸蛋，那样的话有多少主播能超过当红明星的风头呢？主要还是因为主播身上有鲜明的人格魅力以及相关的技能经验，孔婧就是把自己吃得好又不胖的知识分享给大家，而不是直接推销产品，但是在这个交流的过程中，总会涉及一些减肥瘦身营养的产品，但是有了之前的知识铺垫，再推荐这些产品就变得合情合理了。

2. 和粉丝积极互动

直播不是做短视频，它有一个互动过程，这个环节如果把控不好，很容易就变成主播一个人的表演，所以良性的交流氛围非常重要。每次直播的时候，孔婧都会收到粉丝们的提问，比如"我想有马甲线""产后还能恢复到以前的身材吗？"等，对此，孔婧从来不会直接引到产品上，而是耐心地为粉丝解答，现场演示各种瘦身和燃脂的动作，让大家不由自主地模仿，那么接下来再谈到产品就自然而然了。

3. 和粉丝站在一起

带货这种事，其实每天都发生在我们身边，只是我们未必发现而已。比如你的闺蜜买了一杯奶茶，觉得味道不错然后让你也买一杯试试，那么你会觉得她是替奶茶店推销吗？肯定不会，你只会真的去尝试一下，这是因为你知道对方和自己的关系不是以利益来绑定的。同理，孔婧每天的穿搭和吃饭都以直播的方式呈现给粉丝，和粉丝同步进行，这就让粉丝觉得他们就是关系亲密的朋友，而且孔婧的口头禅是"跟着我，你也能"，这样就极大地拉近了距离，这时再向大家安利产品，就像你的闺蜜向你推荐奶茶那样亲切自然了。

带货的巧妙性，其实就是抓住两点：一个是主播和产品深度结合，一个是主播和粉丝深度结合。

和产品深度结合，就是让粉丝感觉到主播是真正使用了该产品并达到了预期目的，主播本人也对产品有着深刻的了解和认识，可以为粉丝充当带路人甚至是"试验品"，这就比单纯地推销要好很多。

和粉丝深度结合，就是成为粉丝最信任的人，对产品有一定的了解，能够通过自身的知识和经验判断它对粉丝是否合适，而粉丝基于对主播的信任也愿意去尝试。

除了做好"两个结合"之外，选择适当的带货方式也非常重要，这就像同样一句批评的话，开个玩笑说出来别人也许就能接受，而一本正经地说出来人家就可能抵触。销售也是如此，如果能借助某种才艺去表现会有出其不意的效果。

2018年淘宝330直播盛典上，一个叫橘丽丝的主播吸引了大家的注意力，原来她和很多带货主播不一样，人家是说得比唱得好听，她是唱得比说得好听。

直播带货

图 7-14　橘丽丝直播销售家乡特产

"当说唱歌手，我没红；开淘宝店，差点倒闭；做饭虽然好吃，但做厨子，我恐怕也不成；不过，在说唱歌手和淘宝店主中，我应该是做饭最好吃的了吧。"

橘丽丝是一个川妹子，她的家乡自贡有着特色的盐帮菜，不过随着时代的发展这套菜系走向没落，出于对家乡菜特有的感情，橘丽丝一直在收集和整理盐帮菜失传的菜谱并研究烹饪方式。为了把美食分享给更多人，橘丽丝在淘宝上开了一间专门售卖盐帮菜特色美食的店铺，名叫"野有食"。然而一开始，橘丽丝不懂经营，店铺几近倒闭，直到她发现了淘宝直播。为了收到更好的营销效果，橘丽丝不仅在镜头面前做菜，还会以说唱的形式去介绍，节奏感很强，粉丝们看着她直播完全是一种享受，哪怕是切菜也能切出艺术范儿。于是，有越来越多的粉丝通过橘丽丝了解了自贡的饮食文化，盐帮的特色美食跻身于直播间的热门产品，大量的订单也涌了进来（见图 7-14）。

巧妙带货是一门学问，但也不必因此感到为难，只要你认真了解产品，用自己最擅长的方式描述出来，坦诚相待，和粉丝成为亲密好友，自然就会淡化营销的味道，把商业行为转变为个人行为，甚至还可以打造成一场充满艺术气息的直播盛宴，这样具有吸引力的直播带货，怎么会缺少买家订单呢？

参加商业活动，为企业、品牌做代言

直播看起来很风光，但并不是谁都能干得了的。

李佳琦全年几乎没有休息日，每天直播几小时却能保持高度的亢奋，正是凭着这股洪荒之力才能成为"口红一哥"，如果换作别人，坚持几场就会体力透支。

如今"直播带货"已经成为最热门的营销模式，这说明以后可能会形成越来越严格的行业规范，这意味着想要靠野蛮生长越来不现实，所以主播在直播之外，还应该给自己拓宽一条新的出路，万一自己的能量耗尽了，那就得另寻出路，这条路就是为企业和品牌做代言。

主播是什么？就是现在所说的 KOL（意见领袖），能够和消费者在大量的互动中建立信任关系，能够精准地将产品的信息传递给用户并反馈给商家，制造出让用户满意的产品，提高转化率，所以代言并非明星的专属，主播一样可以借助自身的人气和商家合作，成为鲜活的品牌符号。

其实换一个角度看，主播直播的过程就是一种广义的代言，无非和我们理解的狭义的代言不同，那么这种转化的过程就合情合理了。随着 5G 直播时代的到来，走上代言之路会让消费者有更好的体验式营销。

2018 年 4 月 10 日，冯提莫亮相东南汽车发布会，为该企业的新品 SUV DX7 Prime 代言。众所周知，冯提莫以清纯呆萌和甜美的歌声著称，本来是直播平台的一姐，没想到会成为一款国产汽车的代言人，不过真正让大家深感意外的是，据说这次代言费超过二线明星，而且在发布会现场，冯提莫不仅仅是站台亮相，还全程直播了参与发布会的过程，甚至还代替销售老总宣布新车售价，一时间引起广泛的关注。

品牌代言，过去基本上是以娱乐明星或者体育明星为主，而现在，从直播界走出来的小姑娘能有如此高的人气，这在以前是想都不敢想的。而且这里有一个细节，那就是冯提莫全程直播发布会，并能保持很高的在线关注度。

直播带货

虽然不少明星也有粉丝群、后援会之类的团体，但是和专职做直播的主播相比还是不同，因为每一个人气主播往往都绑定了一个强大的平台，平台本身就会力推，加上主播和粉丝之间养成的互动习惯，真的就是"一播百应"。相比之下，明星虽然也能借助平台发力，但粉丝未必是该平台的常驻用户，存在着迁移成本，所以临时直播的效果并不好。当然，那些已经在直播平台试水的明星，效果会更好一些。

英雄联盟前职业选手，现在的当红主播若风曾经也为奔驰高端跑车站过台。

若风原名叫禹景曦，游戏 ID 叫若风，"90 后"，毕业于湖南大众传媒学院。15 岁那年，第一次接触到 DOTA 的若风就被迷住了，成了忠实的玩家，两年以后，若风十分迷茫，一方面他喜欢游戏，另一方面也非常压抑，因为当时的社会舆论和现在还有些许不同，大家对把游戏当成职业很难接受，为了证明自己选择的路是正确的，若风每天都在家里疯狂地练习 DOTA，吃饭都尽量避开父母的目光，就是想让自己如何变强，一打就是两年。后来事实证明，这条路选对了。现在，若风是 LOL 的游戏主播，凭着多年的实战经验深受游戏玩家的喜爱。

游戏主播也是直播界重要组成部分，甚至可以说埋藏着更丰厚的黄金，经常能够爆出各种天价薪酬，当然他们的工作量也是非常大。2017 年，若风为奔驰 AMG GTR 拍了一个宣传片，十分符合奔驰 AMG GTR 的运动风。

参加商业活动，为品牌代言，这是一个双赢的策略。主播可以借助品牌自带的粉丝进行转化，为自己增加更多的流量。所以，选择代言品牌的时候，可以考虑符合自身定位的产品。当然，这个选择不是简单的对位，而是抓住链接点。

冯提莫代言汽车品牌，是因为关注汽车男性较多，尤其是 10 万元左右的国产汽车，这部分人群也是观看直播的主要受众人群，而如果是百万元级的豪车，对应的就是社会精英人士，虽然他们也有可能变为土豪粉丝，但是基数还是较小，而且从传播角度看，性价比高的汽车品牌更符合大众的消费需求，有利于主播人气的传播。

同样，若风代言奔驰，抓住的链接点是自身硬朗的外形和游戏本身的血性，虽然豪车车友未必和游戏人群重叠，但是主播自身的形象感知度较强，让非粉丝的用户看了以后不会觉得突兀，也具备了潜在转化的可能。

如果说直播是动态的代言，那么形象代言就是静态的品牌背书，二者是可以转化的。当主播通过代言品牌斩获了新的流量以后，可以引入自己的直播内容中，虽然这未必会产生新的代言费用，但是对拓展主播自身的标签有好处：某平台著名主播、某品牌代言人、某产品带货 X 王……这就相当于给自己增添了不同的光环。

2018 年，华为手机选择了虎牙的游戏美女主播小熊为代言人，震惊了整个游戏圈，被看成跨界最大的合作。

在虎牙有着"吃鸡一姐"之称的小熊，不仅有着靓丽的外表，更是有着过硬的技术。而且，小熊吸引宅男玩家的并不是那一双大长腿，而是喜欢在直播的过程中幽默搞怪，让粉丝觉得一天不看到她都会觉得无聊。所以，华为让小熊代言荣耀 10 系列，也是想找一个外形好且接地气的主播，符合荣耀系列的产品定位。

能够被大品牌选中的主播，不仅是人气旺的，也是有着鲜明个人特色的，如果只是单纯的外形好却灵魂无趣、技术过硬却油腻感十足，这样的定位很难和品牌找到交叉点。

如果把品牌代言看成主播的"二次投胎"，那么在投胎之前，一定要做好必要的准备，因为代言只留给有准备的主播。

图 7-15　游戏网红代言游戏产品